Métier **Enseignant**

W0404022

Cycle 1

Je prépare ma classe

Toute Petite Section et Petite Section

2e édition

Sous la direction de **Marc Loison**
Docteur en histoire de l'éducation et sciences de l'éducation
Maître de conférences honoraire en histoire contemporaine de l'université d'Artois
Ancien conseiller pédagogique chargé de mission académique pour l'éducation prioritaire

Ouvrage coordonné par **Valérie Bouquillon**
Conseillère pédagogique départementale en maternelle

Danièle Adad, professeure des écoles, EMF affectée en INSPE

Marianne Caron, directrice d'école maternelle

Nadine Dejaigher, conseillère pédagogique, référente maternelle de circonscription

Virginie Duquenoy, directrice d'école maternelle, EMF

Virginie Lambadaris, professeure des écoles, enseignante en maternelle, titulaire du CAFIPEMF et d'un Master 2 en littérature de jeunesse

Martine Pawlak, directrice d'école élémentaire, déléguée départementale de l'AGEEM

Ève Santhune, conseillère pédagogique départementale formation initiale et continue

Cyrielle Scicchitano, conseillère pédagogique

Marie-Ange Wilk, directrice d'école maternelle

Vuibert

Maquette de couverture : Marie Dortier
Crédit photographie de couverture : IStock©Skynesher
Maquette intérieure : Marie Dortier
Mise en page : Nord Compo
Photographies : droits réservés
ISBN : 978-2-311-20984-6

Sommaire

Avant-propos 7
Emploi du temps type 9

PARTIE 1 : Mobiliser le langage dans toutes ses dimensions

Exemples de programmations annuelles 14

1 L'oral

Séquence n° 1 : Acquérir le vocabulaire de l'espace cuisine 17
Séance n° 1 : Découverte de l'espace 20
Séance n° 2 : L'inventaire 21
Séance n° 3 : Photos et objets 22
Séance n° 4 : Le jeu de loto 23

Séquence n° 2 : Acquérir le vocabulaire du visage autour d'un album (*Va-t'en, grand monstre vert !*) 25
Séance n° 1 : Le portrait 27
Séance n° 2 : Autour de l'album *Va-t'en, grand monstre vert !* 29

2 L'écrit

Séquence n° 1 : Découvrir la fonction de l'écrit 32
Séance filée n° 1 : Les dessins 34
Séance filée n° 2 : Les fiches comptines 36

Séquence n° 2 : Appréhender son prénom 38
Séance filée n° 1 : Introduire les étiquettes-prénoms dans la classe 39
Séance filée n° 2 : Faire évoluer les étiquettes-prénoms 41

PARTIE 2 : Agir, s'exprimer, comprendre à travers l'activité physique

Exemple de programmation annuelle 45

3 Les activités physiques

Séquence n° 1 : Déplacer, transporter des objets 46
Séances n°s 1 et 2 : Familiarisation 48
Séances n°s 4 à 7 : Entraînement 50

Séquence n° 2 : Effectuer des rondes 52
Séance : *Jean Petit qui danse* 54

Séquence n° 3 : Piloter des engins roulants 57
Séance n° 3 : Évaluation diagnostique 59
Séance n° 4 : Apprentissage 60

PARTIE 3 : Agir, s'exprimer, comprendre à travers les activités artistiques

Exemples de programmations annuelles 64

4 Les productions plastiques et visuelles

Séquence n° 1 : Réaliser des compositions plastiques planes 67
Séance n° 1 : Découverte sensorielle des couleurs 70
Séance n° 2 : Chasse aux couleurs primaires 72
Séance n° 3 : Composition monochrome 75
Séquence n° 2 : Observer, comprendre et transformer des images 77
Séance : L'image qui voyage 79
Séquence n° 3 : Pratiquer des jeux d'art 82
Séance n° 1 : Jeu de Kim 84
Séance n° 2 : Jeux d'art et de hasard 85

5 Les univers sonores

Séquence n° 1 : Chanter 89
Séance filée n° 1 : Chanter ensemble 91
Séance filée n° 2 : Dire des comptines 93
Séquence n° 2 : Explorer les sonorités du corps 95
Séance filée n° 1 : Des sons, du rythme 97
Séance filée n° 2 : Jouer ensemble 99
Séquence n° 3 : Affiner son écoute 102
Séance : Les bruits autour de nous 103

6 Le spectacle vivant

Séquence : Pratiquer quelques activités du spectacle vivant 106
Séance n° 1 : Je découvre l'espace sensoriel 108
Séance n° 2 : Je bouge 110
Séance n° 3 : Je danse avec mon doudou 112
Séance n° 4 : Je danse à côté de mon doudou 115
Séance n° 5 : Le cache-cache des doudous 117
Séance n° 6 : Nous dansons pour nos doudous 119

PARTIE 4 : Construire les premiers outils pour structurer sa pensée

Exemples de programmations annuelles **122**

7 Découvrir les nombres et leurs utilisations

Séquence n° 1 : Créer le besoin du nombre **125**

Séance n° 1 : Les ours et les lits 127

Séance n° 2 : Les assiettes 129

Séquence n° 2 : Manipuler de très petites collections : 1, 2, 3 éléments **132**

Séance n° 1 : La chasse aux objets 134

Séance n° 2 : Les poissons malades 135

Séance n° 3 : Les courses 137

8 Explorer des formes, des grandeurs, des suites organisées

Séquence n° 1 : Explorer les solides **141**

Séance n° 1 : Construire une image mentale des solides 143

Séance n° 2 : Mettre ensemble des solides qui roulent 145

Séance n° 3 : Reconnaître tactilement des boules parmi d'autres 147

Séquence n° 2 : Explorer les longueurs **149**

Séance n° 1 : Construire une tour plus grande que... et plus petite que... 151

Séance n° 2 : Construire une tour plus grande, plus petite qu'un objet témoin 153

Séance n° 3 : Ranger ensemble les poupées russes 155

PARTIE 5 : Explorer le monde

Exemples de programmations annuelles **158**

9 Se repérer dans le temps

Séquence n° 1 : Se situer dans le temps proche **162**

Séance filée n° 1 : Activités de la matinée et de l'après-midi de classe 164

Séance filée n° 2 : Antériorité et postériorité des activités de classe 166

Séquence n° 2 : Situer les événements les uns par rapport aux autres (PS) **168**

Séance filée : La bande dessinée 170

Séquence n° 3 : Maîtriser les marques temporelles et chronologiques (PS) **173**

Séance filée : Les images séquentielles 175

10 Se repérer dans l'espace

Séquence n° 1 : Vivre l'espace 179

Séance filée n° 1 : Je me déplace dans la classe et dans l'école 181

Séance filée n° 2 : Je me déplace dans un espace avec un objet 183

Séance filée n° 3 : Je me déplace dans l'espace avec une contrainte 185

Séance filée n° 4 : Je me déplace dans l'espace avec un objet et une contrainte 187

Séquence n° 2 : Commencer à concevoir l'espace : l'identifier et le décrire 189

Séance n° 1 : Découvrons les photos 190

Séance n° 2 : L'album écho 192

Séquence n° 3 : Explorer l'espace graphique et produire quelques traces 194

Séance filée : Explorer un espace graphique 196

11 Découvrir le monde du vivant

Séquence : Découvrir les cinq sens 199

Séance n° 2 : Écouter les bruits familiers 202

Séance n° 3 : Tâter pieds nus, les yeux fermés 204

Séance n° 4 : Les boîtes à toucher 205

Séance n° 5 : L'atelier goût 207

Séance n° 6 : Le nez et les odeurs 209

12 Explorer la matière

Séquence n° 1 : Explorer, manipuler et transporter l'eau 212

Séance n° 1 : Jouer avec l'eau 215

Séance n° 2 : Remplir des bouteilles avec de l'eau 217

Séance n° 3 : Transporter l'eau 219

Séquence n° 2 : Transporter d'autres matières 221

Séance n° 1 : Transporter le sable 223

Séance n° 2 : Transporter des marrons 225

13 Utiliser, fabriquer, manipuler des objets

Séquence n° 1 : Utiliser la lampe de poche 228

Séance n° 1 : Découvrir la lampe de poche 230

Séance n° 2 : Utiliser la lampe de poche pour retrouver une image 231

Séquence n° 2 : Utiliser la loupe 233

Séance : Utiliser la loupe de manière adaptée 234

Séquence n° 3 : Ouvrir/fermer 236

Séance : Découvrir les bacs et les différents systèmes de fermeture 238

Avant-propos

Les programmes de l'école maternelle de 2020[1] définissent cinq domaines d'apprentissage. Le domaine « Mobiliser le langage dans toutes ses dimensions » réaffirme la place primordiale du langage à l'école maternelle comme condition essentielle de la réussite de tous les élèves. La stimulation et la structuration du langage oral, d'une part, l'entrée progressive dans la culture de l'écrit, d'autre part, constituent des priorités de l'école maternelle et concernent l'ensemble des domaines.

Les domaines « Agir, s'exprimer, comprendre à travers l'activité physique » et « Agir, s'exprimer, comprendre à travers les activités artistiques » permettent de développer les interactions entre l'action, les sensations, l'imaginaire, la sensibilité et la pensée.

Enfin, les deux derniers domaines « Construire les premiers outils pour structurer sa pensée » et « Explorer le monde » s'attachent à développer une première compréhension de l'environnement des enfants et à susciter leur questionnement. En s'appuyant sur des connaissances initiales liées à leur vécu, l'école maternelle met en place un parcours qui leur permet d'ordonner le monde qui les entoure, d'accéder à des représentations usuelles et à des savoirs que l'école élémentaire enrichira.

Aussi, dans la continuité des programmes de 2020 redéfinissant les missions de l'école maternelle, le présent ouvrage vise prioritairement à :

- identifier les principales difficultés d'ordre didactique (au sens cheminement des apprentissages, contenus d'enseignement et faisabilité des programmes) auxquelles les enseignants débutant à l'école maternelle sont susceptibles d'être confrontés ;
- y apporter des réponses pédagogiques concrètes à travers des séquences, des séances d'apprentissage, des suggestions ou des pistes d'activités.

Les programmes de 2020 rappellent que l'école maternelle organise des modalités spécifiques d'apprentissage et qu'il incombe aux enseignants de travailler en équipe afin de définir une progressivité des enseignements sur le cycle. Ils insistent par ailleurs sur la nécessité pour l'enseignant, au sein d'une même classe, de prendre en compte les différences entre enfants, tout en veillant à pratiquer une évaluation positive permettant d'identifier les réussites de l'enfant, d'en garder des traces et d'en percevoir l'évolution, sans oublier l'objectif commun.

1. *Bulletin officiel* n° 31, 30 juillet 2020.

En conformité avec ces préoccupations, cet ouvrage propose des activités au croisement des grandes compétences constituant le socle commun et des domaines d'apprentissage de l'école maternelle. Ces activités visent à :

- mobiliser le langage dans toutes ses dimensions : l'oral et l'écrit ;
- agir, s'exprimer, comprendre à travers l'activité physique ;
- agir, s'exprimer, comprendre à travers les activités artistiques : productions plastiques et visuelles, univers sonores, spectacle vivant ;
- construire les premiers outils pour structurer sa pensée : découvrir les nombres et leurs utilisations, explorer des formes, des grandeurs, des suites organisées ;
- explorer le monde : se repérer dans le temps et l'espace, explorer le monde du vivant, de la matière et des objets.

Au début de chaque séquence d'apprentissage, les activités ou situations proposées à titre d'exemple sont définies par référence aux objectifs du domaine d'apprentissage considéré ainsi qu'aux attendus de fin de cycle. Sont également clarifiés les objectifs langagiers et les critères de réussite observables tout au long de la séquence. Enfin, conformément aux programmes de 2020 invitant l'équipe pédagogique à aménager l'école afin d'offrir aux enfants un univers stimulant leur curiosité et répondant à leurs besoins, des indications sont données à propos de la préparation organisationnelle, matérielle et spatiale de la classe.

Pour répondre concrètement aux attentes des enseignants débutant ou non dans une petite section, les auteurs (pour la plupart conseillers pédagogiques ou enseignants maîtres formateurs), après avoir éprouvé dans des classes toutes les activités décrites, ont opté pour une présentation des séances ou séquences sous forme de fiches de préparation de classe. Pour chacune d'entre elles, sont indiqués :

- la description de la séance ;
- le rôle de l'enseignant ;
- les observables comme outil d'évaluation positive ;
- les traces ;
- les variables didactiques.

À des fins de prolongement, l'enseignant trouvera à l'issue de la plupart des séquences quelques pistes :

- d'ouverture vers une autre discipline ;
- de transfert de compétences.

Nous souhaitons que cet ouvrage résolument ancré dans la pratique quotidienne de classe, proposant des activités testées sur le terrain, devienne un outil de référence tant pour les maîtres confrontés aux réalités pédagogiques et didactiques que pour les formateurs en instituts nationaux supérieurs du professorat et de l'éducation (INSPE) ou en circonscriptions primaires.

Par ailleurs, la mise en œuvre éditoriale de cet ouvrage n'aurait pas été possible sans l'aide précieuse de Michel Ringeisen, Sandrine Henry et Aurélie Farfarana que je tiens ici personnellement à remercier.

Marc Loison,
Maître de conférences honoraire
de l'université d'Artois
Directeur de collection

Exemple d'emploi du temps en petite section

<table>
<tr><th>Horaires</th><th>Lundi</th><th>Mardi</th><th>Jeudi</th><th>Vendredi</th></tr>
<tr><td>8 h 50-9 h</td><td colspan="4">Accueil individualisé des élèves en classe : activités libres, jeux sur les tables, inscription au tableau des présents (étiquettes photos)
Complément au petit déjeuner et passage aux toilettes, si besoin, avec l'ATSEM
Ouverture de quelques espaces de la classe (choisis par l'enseignant)
Objectifs : garantir la sécurité affective et favoriser la communication en relation duelle avec l'enfant</td></tr>
<tr><td>9 h</td><td colspan="4">Activité ritualisée n° 1
Activité ritualisée avec un domaine et un objectif ciblé en fonction de la programmation annuelle
Exemples dans le domaine MOBILISER LE LANGAGE DANS TOUTES SES DIMENSIONS :
– mise en place du tableau des présents et savoir dire « je suis là » ;
– mise en place du tableau des responsabilités de la classe.
Présentation des ateliers et des espaces ouverts</td></tr>
<tr><td>9 h 10</td><td colspan="4">Temps d'apprentissage n° 1
MOBILISER LE LANGAGE DANS TOUTES SES DIMENSIONS
• Temps d'apprentissage dirigé par l'enseignant : l'oral – l'écrit
• Activités autonomes d'entraînement, de réinvestissement dans les espaces dédiés de la classe (exemples : espace graphisme, espace lecture, espace jeux autonomes, espace création, espaces mathématiques, espace jeux de construction, espace sciences…)
L'ATSEM peut prendre en charge un groupe d'enfants pour une activité de réinvestissement.</td></tr>
<tr><td>9 h 40</td><td colspan="4">Activité ritualisée n° 2
Activité ritualisée avec un domaine et un objectif ciblé en fonction de la programmation annuelle
Exemple dans le domaine MOBILISER LE LANGAGE DANS TOUTES SES DIMENSIONS : utilisation de la boîte à mots de la classe pour réinvestir les mots appris en contexte</td></tr>
<tr><td>9 h 50</td><td colspan="4">Temps d'apprentissage n° 2
AGIR, S'EXPRIMER, COMPRENDRE À TRAVERS L'ACTIVITÉ PHYSIQUE
Il est possible de prévoir une séance par semaine comme ci-dessous ou de procéder par apprentissage massé (voir la programmation EPS), soit :
Lundi-mardi : adapter ses équilibres et ses déplacements à des environnement ou des contraintes variées
Jeudi-vendredi : jeux pour collaborer, coopérer et s'opposer
Il sera alors nécessaire de reprendre ensuite les deux autres domaines lors de la période suivante.</td></tr>
</table>

<table>
<tr><th>Horaires</th><th>Lundi</th><th>Mardi</th><th>Jeudi</th><th>Vendredi</th></tr>
<tr><td></td><td>Adapter ses équilibres et ses déplacements à des environnements ou des contraintes variées (4 ateliers)

Un atelier dirigé par l'enseignant pour l'apprentissage d'une tâche motrice et des ateliers autonomes de réinvestissement

L'ATSEM peut surveiller un atelier « à risques ».</td><td>Activités à visée expressive et esthétique</td><td>Agir dans l'espace, dans la durée et sur les objets

Un atelier dirigé par l'enseignant pour l'apprentissage d'une tâche motrice et des ateliers autonomes de réinvestissement

L'ATSEM peut surveiller un atelier « à risques ».</td><td>Jeux pour collaborer, coopérer et s'opposer</td></tr>
<tr><td>10 h 20</td><td colspan="4">Rangement – Regroupement – Bilan – Comptines et jeux de doigts</td></tr>
<tr><td>10 h 30</td><td colspan="4">Passage aux toilettes – habillage – récréation</td></tr>
<tr><td>11 h</td><td colspan="4">Activité ritualisée n° 3

Activité ritualisée avec un domaine et un objectif ciblé en fonction de la programmation annuelle

Exemple dans le domaine CONSTRUIRE LES PREMIERS OUTILS POUR STRUCTURER SA PENSÉE

Mémoriser la comptine numérique, décomposer/recomposer les petits nombres, résoudre de petites énigmes…</td></tr>
<tr><td>11 h 10</td><td colspan="4">Temps d'apprentissage n° 3

CONTRUIRE LES PREMIERS OUTILS POUR STRUCTURER SA PENSÉE

• Temps d'apprentissage dirigé par l'enseignant : découvrir les nombres et leurs utilisations, et explorer les formes, les grandeurs, des suites organisées

• Ateliers autonomes d'entraînement, de réinvestissement dans les espaces dédiés de la classe</td></tr>
</table>

Horaires	Lundi	Mardi	Jeudi	Vendredi
11 h 45	**Rangement – Regroupement – Bilan de la matinée** **Activité ritualisée n° 4 pour jouer avec sa voix et acquérir un répertoire de comptines et de chansons** Exemple : utilisation de la boîte à comptines de la classe. L'enseignant proposera également des comptines ou jeux de doigts en langue vivante étrangère.			
12 h	Habillage – Sortie			
13 h 30	**Accueil individualisé** – passage aux toilettes – sieste *Pendant le temps de la sieste : décloisonnement avec la classe de moyenne section* Domaine : MOBILISER LE LANGAGE DANS TOUTES SES DIMENSIONS : – réfléchir sur la langue, acquérir une conscience phonologique : travail autour de la syllabe ; – apprendre à comprendre des textes entendus en effectuant un rappel de récit.			
15 h	**Réveil échelonné et retour en classe** Libre choix d'activités L'enseignant se place dans un espace d'imitation pour stimuler la prise de parole et réinvestir le lexique appris.			
15 h 30	**Temps d'apprentissage n° 4** – AGIR, S'EXPRIMER, COMPRENDRE À TRAVERS LES ACTIVITÉS ARTISTIQUES : **les productions plastiques, le spectacle vivant, l'univers sonore** – EXPLORER LE MONDE : **se repérer dans le temps et l'espace, découvrir le monde du vivant, explorer la matière, utiliser, fabriquer, manipuler des objets, utiliser des outils numériques** *Pour ces deux domaines, il est possible de prévoir une séance par semaine ou de procéder par apprentissage massé en fonction de la programmation annuelle.*			
16 h 15	**Activité ritualisée n° 5 :** jeux pour affiner son écoute – UNIVERS SONORE			
16 h 30	Habillage – Sortie			

PARTIE 1

Mobiliser le langage dans toutes ses dimensions

1 L'oral

Séquence n° 1 : Acquérir le vocabulaire de l'espace cuisine 17

Séquence n° 2 : Acquérir le vocabulaire du visage autour d'un album (*Va-t'en, grand monstre vert !*) 25

2 L'écrit

Séquence n° 1 : Découvrir la fonction de l'écrit 32

Séquence n° 2 : Appréhender son prénom 38

L'oral. Programmation annuelle. PS

<table>
<tr><th>Objectifs et éléments de progressivité</th><th>Période 1</th><th>Période 2</th><th>Période 3</th><th>Période 4</th><th>Période 5</th></tr>
<tr><td rowspan="2">Oser entrer en communication</td><td colspan="5">Communiquer avec les adultes et avec les autres enfants par le langage en se faisant comprendre
Entrer en communication : passer du langage non verbal au verbal</td></tr>
<tr><td colspan="5">Dire de mémoire et de manière expressive plusieurs comptines et poésies</td></tr>
<tr><td>Comprendre et apprendre</td><td colspan="5">Reformuler pour se faire mieux comprendre
Comprendre des scènes qui renvoient à des expériences personnelles précises (aller à l'école…) souvent chargées d'affectivité
Apprendre à comprendre : par exemple séquence autour de Va-t'en, grand monstre vert*</td></tr>
<tr><td>Échanger et réfléchir avec les autres</td><td colspan="5">S'exprimer dans un langage syntaxiquement correct et précis
Pratiquer divers usages du langage oral : raconter, décrire, évoquer, expliquer
Reprendre des formulations ou des fragments de propos entendus
Décrire un objet ou une image pour exercer les élèves à l'observation attentive
Dire des mots, les apprendre pour enrichir son vocabulaire, comme par exemple celui de la cuisine*</td></tr>
<tr><td rowspan="3">Commencer à réfléchir sur la langue et acquérir une conscience phonologique</td><td colspan="5">Discriminer des sons</td></tr>
<tr><td colspan="4">Répéter des mots, des sons de la langue et affiner sa posture d'écoute</td><td></td></tr>
<tr><td colspan="2"></td><td colspan="3">Repérer l'unité mot
Commencer à scander et à discriminer les syllabes</td></tr>
</table>

Indépendamment ou en complément des compétences transversales, certaines d'entre elles sont à mobiliser prioritairement durant des périodes spécifiques. Rien n'empêche toutefois de les anticiper voire de les poursuivre.

* Points développés dans l'ouvrage dans le cadre de séances.

Mobiliser le langage dans toutes ses dimensions. L'écrit.
Programmation annuelle. PS

<table>
<tr><th>Objectifs et éléments de progressivité</th><th>Période 1</th><th>Période 2</th><th>Période 3</th><th>Période 4</th><th>Période 5</th></tr>
<tr><td rowspan="4">Écouter de l'écrit et comprendre</td><td colspan="5">Écouter des lectures à voix haute et commencer à en parler
Écouter des œuvres lues de la littérature de jeunesse et des textes informatifs ne présentant pas ou peu d'obstacles à la compréhension</td></tr>
<tr><td colspan="5">Témoigner de sa compréhension :</td></tr>
<tr><td colspan="2">autour des personnages de l'histoire...</td><td></td><td colspan="2">...et progressivement de leurs aventures</td></tr>
<tr><td></td><td colspan="3">autour des connaissances du monde (animaux, nature, habitat...)</td><td></td></tr>
<tr><td rowspan="8">Découvrir la fonction de l'écrit</td><td colspan="5">Comprendre que l'écrit transmet, donne ou rappelle des informations et fait imaginer</td></tr>
<tr><td colspan="5">Au travers d'écrits courts, réalisés devant les enfants et transmis :</td></tr>
<tr><td>annoter les dessins*</td><td colspan="4"></td></tr>
<tr><td colspan="2">écrire les prénoms des enfants*</td><td colspan="3"></td></tr>
<tr><td></td><td colspan="2">noter les événements importants dans le calendrier</td><td colspan="2"></td></tr>
<tr><td colspan="2"></td><td colspan="2">adresser un message aux familles</td><td></td></tr>
<tr><td colspan="5">Au travers d'écrits courts imprimés utilisés en classe et/ou transmis :</td></tr>
<tr><td colspan="5">les fiches comptines*</td></tr>
<tr><td>Commencer à produire des écrits et en découvrir le fonctionnement</td><td colspan="5">En dictée à l'adulte, avec les enfants qui sont prêts à partir de textes sus par cœur (chants courts, poésies, comptines)</td></tr>
<tr><td>Découvrir le principe alphabétique</td><td colspan="5">Commencer à comprendre la relation entre une lettre et un son
Pour quelques lettres de l'alphabet issus de mots familiers (prénoms et mots de la classe)</td></tr>
<tr><td rowspan="4">Commencer à écrire tout seul</td><td colspan="5">Rencontrer régulièrement des mots dans les trois graphies (capitales, script, cursive)
Réaliser des exercices graphiques de gestes amples vers des gestes de plus en plus maîtrisés et sur de grands supports</td></tr>
<tr><td colspan="3">Travailler des gestes amples et l'alignement en salle de motricité</td><td colspan="2"></td></tr>
<tr><td></td><td colspan="2">S'entraîner aux tracés de façon libre</td><td colspan="2"></td></tr>
<tr><td colspan="2"></td><td colspan="2">Repasser sur des tracés existants</td><td></td></tr>
</table>

Indépendamment ou en complément des compétences transversales, certaines d'entre elles sont à mobiliser prioritairement durant des périodes spécifiques. Rien n'empêche toutefois de les anticiper voire de les poursuivre.

*Points développés dans l'ouvrage dans le cadre de séances.

1

L'oral

Séquence n° 1 : Acquérir le vocabulaire de l'espace cuisine **17**

Séance n° 1	Découverte de l'espace	20
Séance n° 2	L'inventaire	21
Séance n° 3	Photos et objets	22
Séance n° 4	Le jeu de loto	23

Séquence n° 2 : Acquérir le vocabulaire du visage autour d'un album (*Va-t'en, grand monstre vert !*) **25**

Séance n° 1	Le portrait	27
Séance n° 2	Autour de l'album *Va-t'en, grand monstre vert !*	29

Virginie Lambadaris
Cyrielle Scicchitano

Séquence n° 1

Acquérir le vocabulaire de l'espace cuisine

- Séance n° 1 : **Découverte de l'espace**
- Séance n° 2 : **L'inventaire**
- Séance n° 3 : **Photos et objets**
- Séance n° 4 : **Le jeu de loto**

Description de la séquence

Objectifs du domaine d'apprentissage

Oser entrer en communication.

Attendus de fin de cycle

Communiquer avec les adultes et avec les autres enfants par le langage, en se faisant comprendre.

Critères observables

• Participer à la tâche langagière en répétant les paroles d'un pair.
• Prendre la parole pour répondre à une question.
• Endosser des postures de locuteur/interlocuteur : accepter les tours de parole, attendre pour prendre la parole, écouter ses pairs.

Objectifs langagiers

• Acquérir le lexique du coin cuisine : verre, assiette, fourchette, couteau, petite cuillère, grande cuillère, bol, tasse, set de table, casserole.
• Il est important lors de la préparation de la séance de choisir un corpus de dix mots car dans son développement langagier, un enfant apprend dix mots par jour.
• De manière générale, le « bain de langage » ne suffit pas. Il est nécessaire d'inciter les enfants à nommer, mettre en place de réelles situations de communication qui **imposent** la tâche de parole.
• Vocabulaire passif : séances n°s 1 et 2.
• Vocabulaire actif (production langagière) : séances n°s 2 et 3.

Préparation organisationnelle, matérielle et spatiale de la classe

Organisation de la classe

La séance est à réaliser en groupe de six élèves, au maximum.
Le groupe homogène doit être privilégié.

Matériel

Séances n°s 1 et 2

- Espace cuisine
- Objets de l'espace : verre, assiette, fourchette, couteau, petite cuillère, grande cuillère, bol, tasse, set de table, casserole.

Séance n° 3

- Photos couleur des objets à travailler pour le lexique : verre, assiette, fourchette, couteau, petite cuillère, grande cuillère, bol, tasse, set de table, casserole.
- Éventuellement photos noir et blanc de ces objets.

Séance n° 4

- Grille de loto couleur (planche de deux lignes sur trois colonnes contenant les photos des objets de l'espace, soit six photos par planche). Les planches seront faites en sept exemplaires. Un exemplaire sera découpé et servira de pioche.
- Jetons.

Séances suivantes

- Photos noir et blanc, dessins imagés, pictogrammes...

Exemples de photos pouvant être proposées

Aménagement et/ou utilisation de l'espace

Utilisation de l'espace cuisine avec uniquement le matériel dont le lexique est étudié.

Exemple d'espace cuisine

Pour les séances de langage, il faut privilégier une table ronde ou ovale pour une meilleure circulation de la parole.

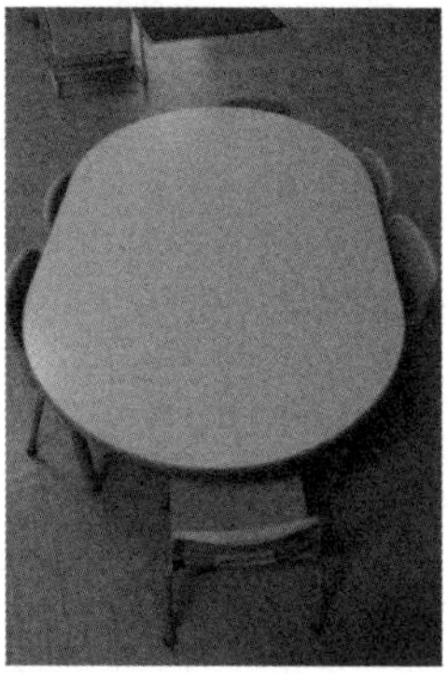

Exemple d'espace pour travailler le langage

Séance n° 1
Découverte de l'espace

Description de la séance

15 à 20 minutes.

Étape 1.

En classe complète, le coin cuisine est découvert pour la première fois. En sections de TPS-PS, il n'est pas judicieux de disposer tous les espaces dès le début de l'année : il faut plutôt privilégier l'installation avec les enfants pour susciter leur curiosité et l'attrait de la nouveauté. L'enseignant théâtralisera donc ce moment afin de rendre attractif ce nouvel espace. Cette première étape peut être faite en amont de la séance.

Étape 2.

Dans un deuxième temps, un groupe d'enfants investira l'espace cuisine librement. Ils sont invités à jouer avec le matériel et à l'appréhender. (Un enfant qui aura appréhendé le matériel au préalable n'aura plus envie de jouer avec lors de la séance d'apprentissage.)

Étape 3.

L'enseignant met la table et demande aux enfants de mettre la table de la même manière.

Étape 4.

Pour terminer, l'enseignant nommera avec exactitude les objets dont on veut faire acquérir le nom.

Rôle de l'enseignant

L'enseignant doit expliquer tous ses gestes (imprégnation de vocabulaire) lors des phases 2 et 3.

Observables comme outils d'évaluation positive

- L'enfant prend part à l'activité proposée.
- Il participe à la tâche langagière.
- Il emploie le vocabulaire activé lors de la séance.
- Il est aussi capable d'écouter ses pairs.
- Il est capable de dire ce qu'il fait et commence à utiliser le « JE ».

Séance n° 2
L'inventaire

Description de la séance

15 à 20 minutes.

Étape 1. Mise en situation

Présenter la situation aux enfants : « Dans le coin cuisine, nous allons devoir faire l'inventaire des ustensiles du coin cuisine. Pour cela, nous allons tous les sortir et regarder ce que nous avons. »

Étape 2. Inventaire

• Les enfants sortent, un par un, les ustensiles de cuisine et les déposent sur la table. Lorsque chaque enfant sort un ustensile, on demande au groupe de le nommer. Si aucun ne sait, on donnera alors le nom de l'objet.
• Si les enfants possèdent déjà ces mots dans leur bagage lexical, il est possible d'en ajouter.

Étape 3. Bilan collectif

On range tous les ustensiles un par un dans le coin cuisine en demandant à un élève d'aller ranger tel ou tel objet.

Rôle de l'enseignant

- S'assurer que l'enfant est capable de répéter le mot.
- Vérifier que l'enfant est capable d'associer le mot au bon objet.
- En cas de difficulté d'un enfant à oraliser, veiller à énoncer le mot correctement afin que l'enfant entende la bonne prononciation mais ne pas lui faire répéter car il pourrait se bloquer et ne pas vouloir faire d'autres essais ensuite. (Les orthophonistes disent qu'il ne faut pas faire répéter un mot qu'un enfant ne prononce pas correctement.)

Observables comme outils d'évaluation positive

- L'enfant prend part à l'activité proposée.
- Il participe à la tâche langagière en répétant les paroles de l'enseignant.
- Il emploie le vocabulaire activé lors de la séance.

Variables didactiques

Avec des élèves en difficulté, cette séance peut être réitérée afin de consolider les apprentissages.

Séance n° 3
Photos et objets

Description de la séance

15 à 20 minutes.

Étape 1. Rappel

• L'enseignant demande aux enfants d'aller chercher tel ou tel objet dans l'espace cuisine : « Va me chercher une assiette. »
• Une fois les objets sortis de l'espace cuisine, il demande, en les présentant aux élèves, de les nommer : « Comment s'appelle cet objet ? »
• S'ils ne savent pas, l'enseignant apportera bien le mot de vocabulaire attendu.

Étape 2. Mise en situation et explication du jeu

• L'enseignant présente la situation aux enfants : « Maintenant, faisons un autre jeu. Sur ces cartes (montrer les photos des ustensiles dont on veut faire acquérir le lexique), j'ai pris en photo les ustensiles de la cuisine. Je vais former un paquet avec les cartes et les retourner pour qu'on ne les voie pas. Je pioche ensuite une carte sur laquelle est représenté un objet. Je vais cacher la carte, nommer l'objet, dire son nom et demander à un autre enfant d'aller chercher cet objet. »
• L'enseignant exécute la consigne en la disant.

Étape 3. Jeu en atelier

• Dans un premier temps, l'enseignant tire une carte, la nomme et demande à un enfant d'aller chercher l'objet.
• Ensuite, c'est un élève qui tire une carte, sans la montrer aux autres joueurs et nomme ce qu'il voit. Un autre élève doit aller chercher l'ustensile nommé.
• La validation se fait par le groupe.
• On rangera tous les ustensiles un par un dans le coin cuisine en demandant à un élève d'aller ranger tel ou tel objet.

Rôle de l'enseignant

• S'assurer que les enfants ont compris la règle du jeu.
• Vérifier que l'enfant est capable d'associer le mot au bon objet ou l'énoncer pour lui, au besoin.

Observables comme outils d'évaluation positive

• Langage en réception : L'enfant comprend le mot en rapportant le bon objet.
• Langage en émission : L'enfant sait nommer l'objet sur la photo.

Variables didactiques

Pour complexifier le jeu, on pourra proposer des photos en noir et blanc.

Séance n° 4
Le jeu de loto

Description de la séance

15 à 20 minutes.

Étape 1. Mise en situation

• L'enseignant présente la situation aux enfants : « Aujourd'hui, nous allons jouer au jeu de loto. »
• L'enseignant distribue alors les grilles de loto et place un jeu de pioche au milieu de la table. Il dispose également les jetons sur la table.
• Il demande aux enfants ce qu'ils voient sur leur grille. Il attend des élèves qu'ils nomment les objets.

Étape 2. Explication du jeu et jeu en atelier

• L'enseignant expliquera le jeu en se montrant en train de jouer.
• L'émetteur pioche une image, sans la montrer aux autres joueurs et nomme l'objet. L'enseignant tient ce rôle, en premier puis ce seront les élèves à tour de rôle.
• Les récepteurs posent un pion sur l'image correspondante. Chaque enfant aura les rôles d'émetteur et de récepteur.
• La validation s'effectuera par comparaison.

Étape 3. Jeu en binômes

• On peut ensuite former des groupes de deux : un émetteur et un récepteur. Les élèves jouent deux par deux.
• L'émetteur tire une carte sans la montrer et décrit sa carte au récepteur, en face de lui. Ce dernier choisit l'image demandée parmi celles placées devant lui. C'est l'émetteur qui validera la réponse, par comparaison. Tour à tour, l'émetteur deviendra récepteur.

Rôle de l'enseignant

• S'assurer que les enfants ont compris la règle du jeu.
• Vérifier que l'enfant est capable d'associer le mot au bon objet.
• En cas de difficulté d'un enfant à oraliser, veiller à énoncer le mot correctement (modélisation).

Observables comme outils d'évaluation positive

L'enseignant évalue l'élève émetteur : celui-ci sait nommer les objets présents sur l'image.

Variables didactiques

• Pour les TPS-PS ou des enfants très petits parleurs, l'enseignant pourra ne proposer que des grilles avec quatre objets.
• Pour complexifier le jeu, on pourra, dans une autre séance, proposer des photos en noir et blanc.

Prolongement de la séquence

Transfert de compétences

• Prolonger le jeu avec des dessins imagés en couleur puis en noir et blanc. Terminer par des pictogrammes pour aller vers l'abstraction.
• Associer aux objets les couleurs (assiette bleue, rouge, verte et jaune, verre bleu...).
• Effectuer le même travail avec d'autres espaces, notamment l'espace poupées pour l'acquisition du vocabulaire des vêtements ou le bain du bébé...

Ouverture vers une autre discipline

Explorer le monde : Découvrir la matière.
Réinvestir le lexique au moment d'une séance sur le transport de l'eau, par exemple.

Explorer le monde : L'espace.
Réinvestir le lexique au moment d'une séance sur le vocabulaire topologique : « Où se trouve le verre ? Il est **sur** la table. » « Où se trouve la fourchette ? Elle est **à côté** de l'assiette... »

Séquence n° 2

Acquérir le vocabulaire du visage autour d'un album (*Va-t'en, grand monstre vert !*)

- Séance n° 1 : **Le portrait**
- Séance n° 2 : **Autour de l'album *Va-t'en, grand monstre vert !***

Description de la séquence

Objectif du domaine d'apprentissage

Nommer avec exactitude un objet, une personne ou une action de la vie quotidienne.

Attendu de fin de cycle

Communiquer avec les adultes et les autres enfants par le langage, en se faisant comprendre.

Critères observables

- Participer à la tâche langagière en répétant les paroles d'un pair.
- Prendre la parole pour répondre à une question.
- Endosser des postures de locuteur/interlocuteur : accepter les tours de parole, attendre pour prendre la parole, écouter ses pairs.

Objectifs langagiers

- Acquérir le lexique du visage : yeux, nez, bouche, oreilles, cheveux, tête.
- Acquérir le lexique des couleurs : jaune, bleu, rouge, vert, violet.

Préparation organisationnelle, matérielle et spatiale de la classe

Préparation organisationnelle

Cette séquence est à organiser en fin d'année lorsque les quatre couleurs principales auront été vues afin de les réinvestir dans l'étude de cet album.

Organisation de la classe

La séance est à réaliser en groupe de six élèves, au maximum.
Le groupe homogène doit être privilégié.

Matériel

Séance n° 1

- Comptine : « Ma tête ».
- Autoportrait d'un peintre en reproduction A4.
- Une photocopie de ce portrait en noir et blanc par enfant + un pour l'enseignant.
- Un portrait par enfant découpé en quatre parties.

Séance n° 2

- Album : *Va-t'en, grand monstre vert !*, Éditions Emberley, L'École des loisirs, Paris, 1996.
- Éléments découpés (yeux, nez, bouche, oreilles, cheveux, tête) du portrait du grand monstre vert et carrés de couleur (jaune, bleu, rouge, vert, violet) par enfant.
- Une tête du monstre au format A4, reproduite à l'identique du livre et les éléments du visage découpés, dans du bristol de la couleur associée.

Aménagement et/ou utilisation de l'espace

Pour les séances de langage, il faut privilégier une table ronde ou ovale pour une meilleure circulation de la parole.

Séance n° 1
Le portrait

Description de la séance

15 à 20 minutes.

Étape 1. **En collectif**

• Apprentissage de la comptine : « Ma tête »[1].

Ma tête a deux yeux (pointer chaque œil avec chaque index).
Un nez (tirer sur son nez).
Une bouche (faire le tour de la bouche avec son index).
Deux oreilles
Deux joues (faire des ronds sur les joues avec son index).
Et beaucoup de cheveux ! (ébouriffer ses cheveux avec ses deux mains).

• Présentation du portrait d'un peintre.
  – Présenter deux autoportraits identiques de peintre au format A4, celui de Van Gogh par exemple… L'essentiel étant que l'on voit bien les éléments du visage et qu'ils soient réalistes. On montrera aux enfants le tableau retenu.
  – Découper devant les enfants le portrait en quatre parties : les cheveux, les yeux, le nez et la bouche.
  – On reconstitue le portrait devant les enfants en nommant les parties.

Étape 2. **En atelier dirigé**

• Chaque enfant a devant lui le portrait du peintre. L'enseignant « banquier » a, lui, tous les morceaux de toutes les photographies découpées.
• Les enfants choisissent un élément du visage et doivent le demander à l'enseignant puis le posent au bon endroit sur la photocopie en noir et blanc. Le rôle du « banquier » sera d'abord tenu par l'enseignant puis par les enfants, à tour de rôle.
• La validation s'effectue par comparaison entre ce que l'enfant a demandé et ce que le banquier a donné. L'enfant prend alors conscience qu'il faut être précis, dire le mot juste pour obtenir le « bon » élément du visage.

Rôle de l'enseignant

• L'enseignant verbalisera chacune des phases de l'étape 1 en énonçant bien le vocabulaire.
• Lors de l'étape 2, il sera attentif au vocabulaire employé par les enfants et le corrigera au besoin.

Observables comme outils d'évaluation positive

- L'enfant prend part à l'activité proposée.
- Il participe à la tâche langagière en répétant les paroles de l'enseignant.
- Il emploie le vocabulaire activé lors de la séance.
- Il est aussi capable d'écouter ses pairs.
- Il est capable de dire ce qu'il fait et utilise le « JE ».

Trace

Le portrait, découpé et réalisé sur le modèle par l'enseignant, sera affiché comme mémoire de l'atelier, dans la classe.

Séance n° 2
Autour de l'album *Va-t'en, grand monstre vert !*

Description de la séance

15 à 20 minutes.

Étape 1. Rappel de la comptine « Ma tête »

Étape 2. Lecture de l'album en atelier

Étape 3. Associer l'élément du livre et sa couleur

• Dans un premier temps, l'enseignant associe en verbalisant les éléments du visage à la couleur correspondante.
• Puis, individuellement, chaque enfant aura devant lui les éléments du grand monstre vert et devra, à son tour, les associer à la couleur correspondante.

Étape 4. Jeu en atelier dirigé

• Les enfants devront piocher un élément, le nommer et le placer au bon endroit, sur la tête du monstre.
• La validation se fera par les pairs ou par l'enseignant.
• Puis, on pourra proposer une situation de communication avec un banquier pour inciter les enfants à nommer dans un but, comme dans la séance n° 1. La validation s'effectuera par comparaison. L'enfant prendra alors conscience qu'il faut utiliser le mot juste pour obtenir l'élément.
• Le langage est ici évalué en émission.

Rôle de l'enseignant

• L'enseignant verbalisera toutes les étapes.
• Lors du jeu, il sera attentif au vocabulaire employé par les enfants et le corrigera au besoin.

Observables comme outils d'évaluation positive

• L'enfant prend part à l'activité proposée.
• Il participe à la tâche langagière en répétant les paroles de l'enseignant.
• Il emploie le vocabulaire activé lors de la séance en associant la couleur correspondante.

• Il est aussi capable d'écouter ses pairs.

Source : *Va-t'en, grand monstre vert !*, Éditions Emberley, L'École des loisirs, 1996, dessin : Virginie Lambadaris.

Prolongement de la séquence

Transfert de compétences

• Prolonger le jeu avec une tête à réaliser avec une assiette en carton (tête), pinces à linge (cheveux), différentes pièces de jeux (briques, perles... pour les yeux, le nez, la bouche, les oreilles).
• De la même façon, le jeu pourra être réalisé en « jeu du banquier ». Les enfants iront voir l'enseignant qui, dans un premier temps, tiendra ce rôle (puis ce sera au tour d'un enfant). Ils nommeront l'objet qu'il leur faut pour réaliser tel ou tel élément du visage et iront le placer au bon endroit pour réaliser une tête.

Ouverture vers une autre discipline

Construire les premiers outils pour structurer sa pensée.
• À partir d'un modèle, réaliser une tête identique.
• Dénombrer les quantités 1 et 2.

Explorer le monde : découvrir le monde vivant.
• Travailler sur le schéma corporel.

Mobiliser le langage dans toutes ses dimensions : l'écrit.
• Réaliser un livre à la manière du *Grand monstre vert* avec les portraits des élèves.

Agir, s'exprimer, comprendre à travers les activités artistiques.
• Étudier divers portraits dans l'art comme ceux de Picasso, Gaston Chaissac, Jawlensky, Dubuffet...
• Dessiner le bonhomme et le visage.
• Découvrir le chant « Pour dessiner un bonhomme ».

2

L'écrit

Séquence n° 1 : Découvrir la fonction de l'écrit 32
Séance filée n° 1 Les dessins 34
Séance filée n° 2 Les fiches comptines 36

Séquence n° 2 : Appréhender son prénom 38
Séance filée n° 1 Introduire les étiquettes-prénoms dans la classe 39
Séance filée n° 2 Faire évoluer les étiquettes-prénoms 41

Virginie Lambadaris
Cyrielle Scicchitano

Séquence n° 1

Découvrir la fonction de l'écrit

- Séance filée[1] n° 1 : Les dessins
- Séance filée n° 2 : Les fiches comptines

Description de la séquence

Objectifs du domaine d'apprentissage

- Comprendre que l'écrit transmet, donne ou rappelle des informations.
- Comprendre que l'écrit permet de s'adresser à quelqu'un qui est absent.
- Comprendre que l'écrit est un moyen de garder « une trace ».

Attendus de fin de cycle

- Communiquer avec les adultes et avec les autres enfants par le langage, en se faisant comprendre.
- Manifester de la curiosité par rapport à l'écrit.

Critères observables

- L'enfant fréquente régulièrement l'espace graphisme et y **laisse des traces**.
- L'enfant manifeste le **désir d'offrir** ses traces, dessins.
- L'enfant peut **pointer du doigt et redire** le titre d'une comptine présentée par l'adulte.

Objectifs langagiers

- **Oser** entrer en communication avec les adultes de la classe et les autres enfants.
- **Nommer**.
- **Acquérir du vocabulaire**.

Préparation organisationnelle, matérielle et spatiale de la classe

Organisation de la classe

Petit groupe d'élèves et/ou groupe classe, en fonction des situations.
De manière « filée » tout au long de l'année.

1. Par séance filée, il faut entendre séance que l'on reproduira autant de fois que nécessaire dans le courant de l'année dans le cadre des rituels.

Matériel

- Des supports de papier (ne pas hésiter, au fil de l'année, à varier les formats, les couleurs, les matières...)
- Des outils permettant de tracer, dessiner (là encore, l'enseignant pensera à varier les outils, feutres de différentes tailles, pastels, craies...)
- Une fiche comptine (ou chanson) pour chaque comptine (ou chanson) apprise en classe

Aménagement et/ou utilisation de l'espace

Pas d'aménagement spécifique strictement nécessaire même si cela peut être pensé et organisé (voir déroulement des séances filées nos 1 et 2).

Séance filée n° 1
Les dessins

Description de la séance

15 à 20 minutes.

Étape 1 (hors temps de classe). Installation d'un « espace graphisme ».

L'enseignant peut faire le choix d'installer et de désinstaller chaque jour le matériel nécessaire ou de mettre en place un espace graphisme spécifiquement dédié aux activités graphiques et restant à la disposition des élèves. On peut l'aménager avec une simple table et plusieurs chaises mais aussi envisager de l'organiser autour d'un chevalet collectif, d'une piste graphique, d'un espace avec tableau, etc.

Étape 2. Dessin

Au moment de l'accueil du matin, laisser les enfants volontaires investir l'espace graphisme constitué et s'emparer des divers supports et outils à leur disposition afin de réaliser des tracés, des dessins.

Étape 3. Annotations

• Cette étape est très importante et doit être pratiquée très régulièrement si l'on souhaite atteindre l'objectif fixé. Il s'agit, pour l'enseignant, de s'installer auprès de l'enfant ayant réalisé un dessin (ou tout autre tracé) pour le valoriser, le dater et l'annoter en fonction des indications données par l'enfant.
• Remarque : certains enfants pourront, dans un premier temps, ne pas répondre ou ne dire qu'un mot mais progressivement, avec l'aide et l'étayage bienveillants de l'enseignant, ils parviendront à donner plusieurs indications concernant leurs réalisations.

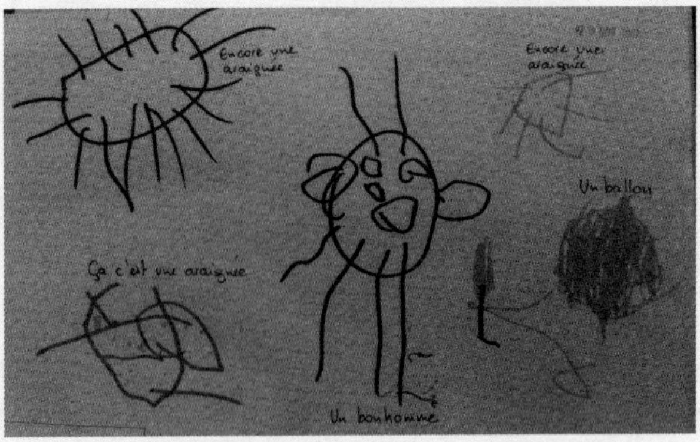

Rôle de l'enseignant

- Solliciter les enfants ne fréquentant pas ou peu l'espace « graphisme ».
- Faire passer, auprès des enfants, la valeur « langagière » des tracés réalisés en :
  - les valorisant par ses propos ;
  - les affichant (dans la classe, le couloir, l'école...) afin que les autres enfants et les familles puissent les voir (**partager**) ;
  - permettant aux enfants d'offrir ces dessins (**transmettre**), de les emporter à la maison pour faire lire les annotations ;
  - incitant les destinataires (**absents** au moment du dessin) à, eux aussi, valoriser ces réalisations (**faire réagir**) mais également à lire les annotations y figurant (**se rappeler**) ;
  - reprenant les dessins de l'enfant, durant le temps de l'accueil par exemple, pour relire devant lui les annotations (« En dessous de ton dessin j'avais écrit... »).
- Remarque : le rôle de l'enseignant est capital si l'on veut pouvoir, à l'aide de ces tracés ou dessins, **poser les bases de la fonction de l'écrit.**

Observables comme outils d'évaluation positive

- L'enfant fréquente régulièrement l'espace graphisme pour y laisser des traces, dessiner.
- L'enfant sollicite l'adulte pour annoter ses dessins.
- L'enfant demande à exposer ou à offrir ses réalisations.

Variables didactiques

Les annotations ainsi que l'étayage verbal de l'enseignant seront plus ou moins étoffés en fonction de l'âge et des capacités des enfants. Néanmoins, on veillera toujours à faire évoluer l'enfant dans :

- sa prononciation en répétant correctement les mots prononcés ;
- l'acquisition de vocabulaire ;
- l'acquisition d'une structure syntaxique en reformulant son propos et/ou en lui posant des questions.

Séance filée n° 2
Les fiches comptines

Description de la séance

15 à 20 minutes.

Étape 1 (hors temps de classe). Installation d'un espace réservé pour afficher et/ou ranger les chants et comptines

• L'enseignant devra penser à préparer, à l'endroit où il regroupera les enfants pour chanter, un espace pour afficher les chants et comptines de la période en cours.
• Afin de ne pas mobiliser trop d'espace, il prévoira également une boîte pour ranger les fiches des chants et comptines des périodes précédentes. Elles seront ainsi accessibles et pourront être reprises régulièrement, sur sollicitation de l'enseignant ou à la demande des enfants, afin d'être gardées en mémoire.

Étape 2 (hors temps de classe). Constitution d'une fiche pour chaque chant ou comptine

Ces fiches devront toutes être présentées de la même manière et contenir *a minima* :
• le titre ;
• le texte de la chanson ou comptine ;
• une illustration permettant aux enfants de l'identifier.

Étape 3. Chant

• Quotidiennement et collectivement, l'enseignant proposera aux enfants de dire ou chanter les textes ainsi mis en pages.
• Il prendra soin de demander aux enfants :
– d'être attentifs ;
– de choisir une fiche ;
– de donner le titre exact de la fiche choisie.
nfants de l'identifier.

Rôle de l'enseignant

- Solliciter les enfants les plus réservés.
- Faire passer, auprès des enfants, la valeur « langagière » de ces fiches en :
  - **lisant** à chaque fois le titre et/ou en le faisant dire aux enfants tout en **suivant celui-ci du doigt sur la fiche** ;
  - **rappelant** aux enfants que c'est le texte de la chanson ou de la comptine qui est écrit sur la fiche, que lui sait le lire et que, de cette façon, **on ne peut pas se tromper ni oublier** des paroles ;
  - transmettant aux familles une copie des fiches pour chaque période afin que chaque enfant puisse **partager** ces chants et comptines avec sa famille.

Lorsqu'un enfant est venu chanter face au groupe, encourager les autres enfants à le valoriser (par un « bravo » collectif par exemple) afin de le motiver à recommencer une prochaine fois.

Observables comme outils d'évaluation positive

- L'enfant participe régulièrement à l'activité.
- L'enfant choisit une fiche, tente d'en redonner le titre.
- L'enfant retourne seul et de manière spontanée à la boîte à comptines.
- L'enfant suit spontanément du doigt le titre et/ou le texte des fiches lorsqu'il les a entre les mains.

Prolongement de la séquence

Ouverture vers une autre discipline

De manière générale, pour tous les écrits présents dans les classes de l'école maternelle, dans tous les domaines disciplinaires, il est capital, dès la toute petite section, que l'enseignant parle aux enfants de ces écrits, de leur rôle, de ce pourquoi il a choisi de les afficher, de ce à quoi ils lui servent, etc. Cela permet, de manière progressive, de **poser les bases de la fonction de l'écrit.**

Transfert de compétences

- Ce début de prise de conscience de la fonction de l'écrit est à solliciter à chaque fois que possible : durant les rituels, en manipulant les étiquettes-prénoms (voir la séquence 2)... et à chaque fois que l'adulte écrit en présence d'un ou plusieurs enfants.

- La découverte des fonctions de l'écrit, dès la petite section, sert le premier domaine du socle commun de connaissances, de compétences et de culture[1] : les langages pour penser et communiquer. Ce domaine implique, entre autres, la maîtrise des règles et des codes de l'écrit afin de permettre à chaque enfant de « comprendre, s'exprimer en utilisant la langue française à l'oral et à l'écrit » (compétence 1).

---

1. *Bulletin officiel* n° 17 du 23 avril 2015.

Séquence n° 2

Appréhender son prénom

- Séance filée n° 1 : **Introduire les étiquettes-prénoms dans la classe**
- Séance filée n° 2 : **Faire évoluer les étiquettes-prénoms**

Description de la séquence

Objectifs du domaine d'apprentissage

- Comprendre que l'écrit transmet, donne ou rappelle des informations.
- Comprendre que l'écrit code l'oral.

Attendus de fin de cycle

- Manifester de la curiosité par rapport à l'écrit.
- Reconnaître les lettres de l'alphabet.

Critères observables

- L'enfant prend l'habitude de signaler sa présence en arrivant en classe en affichant son étiquette-prénom.
- L'enfant pense à « signer » ses travaux à l'aide d'une étiquette-prénom.
- L'enfant recourt spontanément à l'étiquette-prénom pour signaler qu'un objet lui appartient.

Objectifs langagiers

- **Oser** entrer en communication avec les adultes de la classe et les autres enfants.
- **Nommer** une ou plusieurs lettres de l'alphabet constituant son prénom.

Préparation organisationnelle, matérielle et spatiale de la classe

Organisation de la classe

De manière « filée » tout au long de l'année de manière à ce que cet apprentissage soit progressif en fonction de l'âge et des capacités des enfants.

Matériel

Une étiquette présence pour chaque enfant (cf. séance filée n° 1)

Aménagement et/ou utilisation de l'espace

Pas d'aménagement spécifique strictement nécessaire.

Séance filée n° 1
Introduire les étiquettes-prénoms dans la classe

Description de la séance

15 à 20 minutes.

Étape 1 (hors temps de classe). **Préparation matérielle**

• L'enseignant prévoira une étiquette pour chaque enfant.
• Chaque étiquette devra être élaborée comme précisé sur le schéma ci-dessous.

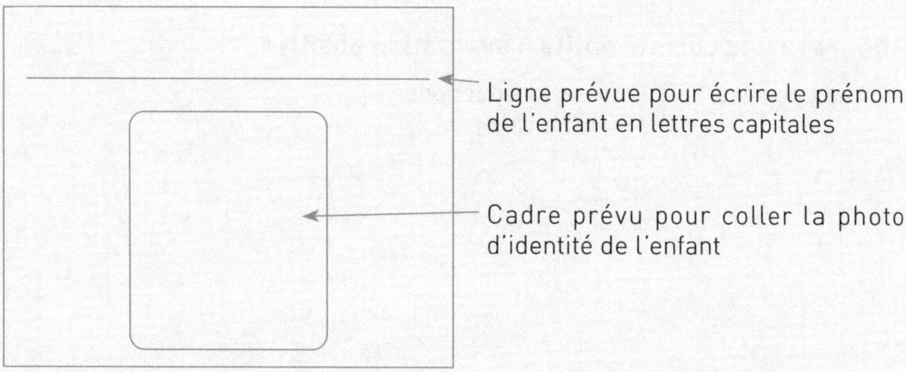

Étape 2. **Élaboration des étiquettes-prénoms en présence des enfants**

• Cette étape devra être réalisée sur plusieurs jours durant la première période.
• Il s'agira pour l'enseignant de saisir toutes les opportunités qui s'offriront à lui dans le cadre du fonctionnement de la classe, afin de pouvoir mettre en place ces étiquettes tout en donnant du sens et de la valeur à cet écrit.
• Par exemple, on pourra introduire cette étiquette parce qu'il est nécessaire de pouvoir signaler sa présence en arrivant dans la classe (afin de pouvoir comptabiliser les absents), parce qu'il nous faut un moyen de ranger et de retrouver facilement le doudou dans le casier à peluches, parce qu'il nous faut « signer » ce joli dessin annoté afin de l'offrir aux familles, etc.
• L'enseignant prendra soin de compléter l'étiquette-prénom vierge devant chaque enfant en y écrivant son prénom et en y collant sa photo.
• L'écriture du prénom devra se faire de manière à être la plus explicite possible (fonction de l'écrit). Par exemple : « Tu t'appelles Hugo, c'est ton prénom. »

Répéter le prénom de l'enfant en frappant les syllabes dans les mains. « Je vais l'écrire. J'écris Hu. » Écrire devant l'enfant en lui montrant. « Puis j'écris go. »
• Écrire le prénom de l'enfant devant lui dès que l'occasion se présente en verbalisant son action permet à l'enfant de se familiariser avec l'écrit.

Étape 3. Reproduction

• Une fois la deuxième étape réalisée, l'enseignant emmènera les enfants reproduire cette étiquette à la photocopieuse (modèle réduit) afin de leur montrer d'où viendront les étiquettes-prénoms qu'ils auront ensuite à coller. Ces étiquettes reproduites pourront ensuite, dans le cadre d'un travail en atelier, être découpées par les enfants et rangées dans des petites boîtes ou casiers individuels.
• Le rôle et la valeur de cette étiquette-prénom sont alors posés.

Rôle de l'enseignant

• Solliciter les enfants afin de leur donner l'habitude, après chaque production, de « signer » leur travail en y collant une étiquette-prénom.
• Penser à montrer régulièrement l'intérêt de cet écrit.

Observables comme outils d'évaluation positive

• L'enfant pense à « signer » ses productions.

Séance filée n° 2
Faire évoluer les étiquettes-prénoms

Description de la séance

15 à 20 minutes.

Étape 1. Supprimer la photo

• Cette étape devra être réalisée devant chaque enfant et de manière explicite.
• L'enseignant, lorsqu'il le jugera opportun en fonction des capacités des enfants, découpera la photo au bas de l'étiquette pour la coller au dos du prénom.
• Par exemple : « Je vais découper ta photo parce que je sais que tu n'en as plus besoin pour reconnaître ton étiquette. Je la colle au dos, cela te permettra de vérifier que tu ne t'es pas trompé. »

Étape 2. Reconnaître son prénom

• Après avoir supprimé la photo, l'enseignant apportera une étiquette sur laquelle l'initiale de son prénom sera en relief. Il incitera l'enfant à toucher la lettre pour qu'il puisse s'en faire une image mentale (activation de la mémoire kinesthésique).
• Puis, en groupe restreint, sur un temps d'atelier, l'enfant sera amené à retrouver son étiquette parmi d'autres (avec des initiales différentes). Le nombre d'étiquettes proposées pourra varier de trois à six en fonction de l'âge et des capacités des enfants.
• L'enseignant incitera les enfants à toucher les initiales et lira les prénoms correspondants.

Étape 3. Comprendre l'utilité de son étiquette-prénom dans des situations « vraies »

L'enseignant pourra mettre en évidence la valeur et l'utilité de cet écrit :
• par la mise en place d'un tableau des responsabilités pour la classe (être chef de rang, distribuer les gobelets d'eau, compter les enfants absents…), d'un système d'inscription sur des affichages pour les ateliers, etc. ;
• par le questionnement qui accompagnera ces outils : « Qui est responsable de… ? », « Qui sont les enfants inscrits à cet atelier ? » ;
• par la lecture explicite et régulière de ces étiquettes : « Je lis (en suivant du doigt). C'est Hugo qui est responsable de la distribution des gobelets d'eau. »

Rôle de l'enseignant

- Valoriser les réalisations des enfants.
- Valoriser leurs progrès devant le groupe, les familles.

Observables comme outils d'évaluation positive

L'enfant est capable de reconnaître son prénom parmi d'autres.

Variables didactiques

Chaque enfant évolue à son rythme. L'enseignant jugera du moment opportun pour proposer les activités décrites ici.

Prolongement de la séquence

Ouverture vers une autre discipline

- De manière générale, il est important que, chaque jour, les enfants voient l'enseignant écrire les prénoms des enfants, des messages pour les parents, pour l'ATSEM, pour un autre enseignant, etc.
- L'enseignant pensera à expliciter systématiquement son action (ce qu'il écrit, pourquoi il le fait).
- Cela se fait à tout moment de la vie de classe et donc dans tous les domaines disciplinaires, de manière transversale.

Transfert de compétences

- Un jeu de loto des prénoms de la classe pourra être constitué et proposé en atelier dirigé par l'enseignant.
- Les enfants observent les prénoms et essayent de les retrouver. Progressivement, ils apprennent à reconnaître quelques prénoms des enfants de la classe.

PARTIE 2

Agir, s'exprimer, comprendre à travers l'activité physique

❸ Les activités physiques

Séquence 1 : Déplacer, transporter des objets 46

Séquence 2 : Effectuer des rondes 52

Séquence 3 : Piloter des engins roulants 57

3

Les activités physiques

Séquence n° 1 : Déplacer, transporter des objets 46

Séances nos 1 et 2 Familiarisation 48

Séances nos 4 à 7 Entraînement 50

Séquence n° 2 : Effectuer des rondes 52

Séance Jean Petit qui danse 54

Séquence n° 3 : Piloter des engins roulants 57

Séance n° 3 Évaluation diagnostique 59

Séance n° 4 Apprentissage 60

Nadine Dejaigher

Agir, s'exprimer, comprendre à travers l'activité physique. Programmation annuelle. PS 4 séances par semaine en privilégiant 2 domaines en enseignement massé

<table>
<tr><th>Objectifs et éléments de progressivité</th><th>Période 1</th><th>Période 2</th><th>Période 3</th><th>Période 4</th><th>Période 5</th></tr>
<tr><td rowspan="2">Agir dans l'espace dans la durée et sur les objets</td><td colspan="5">Courir, sauter, lancer de différentes façons, dans des espaces et avec des matériels variés, dans un but précis
Ajuster et enchaîner ses actions et ses déplacements en fonction d'obstacles à franchir ou de la trajectoire d'objets sur lesquels agir</td></tr>
<tr><td></td><td>Manipuler les objets : lancer, rouler, pousser</td><td></td><td>Se déplacer de différentes manières : ramper, glisser, sauter...</td><td></td></tr>
<tr><td rowspan="2">Adapter ses équilibres et ses déplacements à des environnements ou des contraintes variées</td><td colspan="5">Ajuster et enchaîner ses actions et ses déplacements en fonction d'obstacles à franchir
Se déplacer avec aisance dans des environnements variés, naturels ou aménagés</td></tr>
<tr><td>Activités de grimpe</td><td></td><td>Activités gymniques</td><td>Piloter*</td><td></td></tr>
<tr><td rowspan="2">Communiquer avec les autres au travers d'actions à visée expressive ou artistique</td><td colspan="5">Construire et conserver une séquence d'actions et de déplacements, en relation avec d'autres partenaires, avec ou sans support musical
Coordonner ses gestes et ses déplacements avec ceux des autres lors de rondes et jeux chantés</td></tr>
<tr><td></td><td>Rondes*</td><td></td><td></td><td>Danse</td></tr>
<tr><td rowspan="2">Collaborer, coopérer, s'opposer</td><td colspan="5">Coopérer, exercer des rôles différents complémentaires, s'opposer, élaborer des stratégies pour viser un but ou un effet commun</td></tr>
<tr><td>Jeux de transport d'objets*</td><td></td><td>Jeux à règles</td><td></td><td>Jeux collectifs</td></tr>
</table>

*Points développés dans l'ouvrage dans le cadre de séances.

Séquence n° 1

Déplacer, transporter des objets

- Séances n°s 1 et 2 : **Familiarisation**
- Séance n° 3 : **Évaluation diagnostique**
- Séances n°s 4 à 7 : **Entraînement**

Seules les séances n°s 1 et 2 et 4 à 7 sont décrites. La séance n° 3 est laissée à l'initiative de l'enseignant.

Description de la séquence

Objectifs du domaine d'apprentissage

- Déplacer/transporter des objets
- Répondre et respecter des consignes, un espace de jeu
- Accepter la présence des autres enfants
- Commencer à coopérer
- Construire la notion de gain, la notion d'équipe

Attendus de fin de cycle

- Ajuster et enchaîner ses actions et ses déplacements en fonction d'obstacles à franchir ou de la trajectoire d'objets sur lesquels agir
- Se déplacer avec aisance dans des environnements variés, naturels ou aménagés
- Coopérer, exercer des rôles différents complémentaires, s'opposer, élaborer des stratégies pour viser un but ou un effet commun

Critères observables

- L'enfant apprend à manipuler et déplacer des objets de formes et tailles différentes
- Il apprend à accepter de se séparer d'objets
- Il apprend à coopérer pour transporter les objets volumineux
- Il apprend à participer à un projet commun

Objectifs langagiers

- Acquérir du vocabulaire
- Nommer les actions
- Échanger

Préparation organisationnelle, matérielle et spatiale de la classe

Matériel

- Objets de nature, forme, densité et volume différents : ballons, cerceaux, cartons de différentes tailles, poussettes, tricycles, vélos, caissettes, brouettes, porteurs, caisses, tapis, blocs de mousse…
- Matériel pour aménager l'espace : cerceaux, lattes, bancs, tapis, plots…

Aménagement et/ou utilisation de l'espace

Selon les séances, la salle sera utilisée en totalité ou sera partagée en deux zones.

Séances nos 1 et 2
Familiarisation

Description de la séance

40 minutes.

Étape 1. **Échauffement (10 minutes).**

- Échauffer les articulations.
- Faire semblant de monter des marches de plus en plus grandes sur place.
- Enchaîner un petit, un moyen et un grand saut sur place.
- Marcher, courir avec un objet ou un doudou dans les bras en évitant les autres.

Étape 2. **Ateliers (25 minutes).**

Remarques

- Avant de mener cette séquence, il faudra que les enfants aient pu porter, transporter des objets, leur doudou, des poupées, pousser des poussettes dans la classe, dans des coins jeux...
- En petite section, il peut y avoir des conflits pour certains objets convoités par plusieurs enfants. Il est intéressant de les avoir en plusieurs exemplaires absolument identiques pour favoriser l'imitation.
- Les enfants peuvent avoir peur lorsque tous courent dans une salle. Une zone « neutre » peut être proposée pour observer avant de s'engager dans l'action.
- Les zones doivent être larges pour éviter les bousculades.
- Prévoir au moins quatre objets par élèves.

Organisation

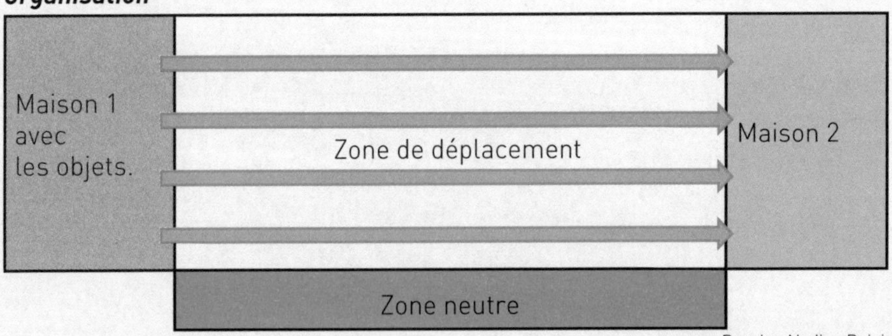

Dessin : Nadine Dejaigher

- Consigne : « Vous devez prendre un objet et le porter dans l'autre maison le plus vite possible. Attention de ne pas bousculer les autres. Si vous voulez vous reposer ou regarder, vous devez vous mettre dans la zone verte. »

- Le jeu s'arrête lorsqu'il n'y a plus d'objets dans la maison 1.

• Reprendre ensuite le jeu en sens inverse.

• Faire verbaliser ce qui a été fait et émerger les émotions ressenties.

• Reprendre le jeu en encourageant tous les enfants à participer.

Étape 3. Retour au calme (5 minutes).

• Les enfants sont invités à parler de ce qu'ils ont fait et appris.
• Puis, une musique calme peut être proposée. Les enfants peuvent prendre un doudou, une poupée et le promener dans la salle en le berçant.

Rôle de l'enseignant

• Faire verbaliser (ou verbaliser).
• Encourager, aider, guider, réguler.
• Inciter les élèves qui réussissent avec un matériel à en changer.
• Étayer les procédures engagées et les effets obtenus.

Observables comme outils d'évaluation positive

L'enseignant doit observer et savoir qui :
• se sépare de l'objet ;
• respecte les consignes aux ateliers ;
• semble perdu, a besoin d'être guidé ;
• maîtrise le vocabulaire.

Traces

Les maquettes, les photos, les dessins peuvent faciliter la compréhension des consignes. En classe, juste après la séance, ces supports permettront de revenir sur les différentes solutions trouvées, de mieux comprendre ce que pourrait être une « bonne stratégie ».

Variables didactiques

• Déplacer seul, à deux, à plusieurs.
• Varier les objets : poids, volumes, matières, formes, qui glissent, qui roulent...
• Varier les espaces : distances parcourues, taille des maisons.
• Varier le temps : donner un temps limité pour terminer l'action.
• Donner un but : faire un château avec tous les objets transportés.

Séances n°s 4 à 7
Entraînement

Description de la séance

45 minutes.

Étape 1. Échauffement (10 minutes).

Voir la séance n° 1.

Étape 2 (30 minutes). Déroulement de l'activité.

• Partager la classe en deux, en fonction des réponses et des comportements :
  - Groupe 1 : réussit à déplacer, à transporter, arrive à se repérer dans l'espace.
  - Groupe 2 : s'engage peu dans le jeu, a peur, se déplace avec difficulté. Rentre en conflit avec les autres, abandonne les objets.

• Groupe 1 : Proposer le jeu de la séance de familiarisation mais ajouter des variables. Les zones « maison » seront plus petites. Les élèves devront réaliser un parcours avant de déposer les objets dans la maison 2. Il faudra par exemple suivre un chemin tracé au sol avec des espaces plus étroits, passer l'objet par-dessus des obstacles (banc ou poutre basse). Lorsqu'on arrivera dans la maison 2, il sera possible de construire un château, une maison avec les objets ramenés.

• Groupe 2 : Transporter, déplacer des objets d'une zone à une autre à l'identique de la séance de familiarisation mais en réduisant la taille de la zone de déplacement. Au départ, il faudra favoriser la présence d'objets identiques pour favoriser l'imitation puis, petit à petit, varier les objets pour créer une dynamique et provoquer des réponses adaptées à l'objectif.

Étape 3. Retour au calme (5 minutes).

Voir la séance n° 1.

Rôle de l'enseignant

• Verbaliser ou faire verbaliser l'action, le matériel, l'émotion provoquée par le jeu.
• Aider, inciter, expliquer, redonner les consignes.
• Encourager, féliciter.

Observables comme outils d'évaluation positive

L'enseignant doit pouvoir observer les enfants et savoir :
• qui se sépare ou non de l'objet ;
• qui respecte ou non les consignes aux ateliers ;
• qui maîtrise le vocabulaire.

Traces et variables didactiques

Voir la séance n° 1.

Prolongement de la séquence

Ouverture vers une autre discipline

• **Le langage oral.**
Lexique à utiliser : poussettes, balles, ballons, cartons... ; retour des séances et notamment comparaison des gestes réalisés les plus efficients.

• **Le langage écrit.**
Garder traces par le biais de l'écriture sous la dictée pour se remémorer les stratégies qu'ils pourront mettre en œuvre lors de la séance suivante.

• **Explorer le monde : l'espace.**
Les plans et maquettes des différentes zones de jeu peuvent être utilisés pour faire verbaliser les enfants.

Transfert de compétences

• Il sera intéressant de transférer les compétences lors des séances suivantes dans les autres unités d'apprentissage. En effet, les enfants pourront aider à transporter le matériel pour l'installation ou le rangement.
• On peut envisager une autre séquence où on transportera d'une zone vers une autre en équipe. Il s'agira de jeux du style « chaîne des pompiers ».

Séquence n° 2

Effectuer des rondes

On proposera des danses à consignes simples en dispersion. Il s'agira de s'engager dans l'activité en suivant les indications données par les paroles avant d'en arriver à constituer de petites rondes, la grande ronde n'étant pas adaptée à cet âge. À chaque séance, une nouvelle ronde ou deux sont apprises et les autres sont reprises en entraînement et/ou réinvestissement.

- Séance n° 1 : *Jean Petit qui danse*
- Séance n° 2 : *Savez-vous planter les choux ?*
- Séance n° 3 : *Meunier tu dors ; Sur le plancher*
- Séance n° 4 : *La danse du Limousin ; Un éléphant ça trompe*
- Séance n° 5 : *Tous les légumes ; J'ai un pied qui remue*
- Séance n° 6 : *Gugus ; La toumba*
- Séance n° 7 : *Dansons la capucine ; Mon petit lapin*

Seule la première séance est décrite ; il suffira de reproduire le même déroulement avec les autres rondes[1].

Description de la séquence

Objectifs du domaine d'apprentissage

- Répondre et respecter des consignes.
- Respecter un espace de jeu.

Attendus de fin de cycle

- Se déplacer avec aisance dans des environnements variés, naturels ou aménagés.
- Coordonner ses gestes et ses déplacements avec ceux des autres, lors de rondes et de jeux chantés.

Critères observables

- L'enfant apprend à reconnaître et réagir aux signaux musicaux.

1. Vous pouvez consulter la page www.etab.ac-caen.fr/apiedu/eps/exdocs/pdf/rondes%20et%20jeux%20danses.pdf.

- Il apprend à mémoriser et enrichit son vocabulaire.
- Il prend plaisir à s'engager corporellement dans le mouvement dansé.
- Il apprend à agir ensemble.

Objectifs langagiers

- Mémoriser et acquérir du vocabulaire.
- Nommer les actions : marcher, courir...
- Échanger avec les autres.

Préparation organisationnelle, matérielle et spatiale de la classe

Matériel

- Objets : foulards, petits cerceaux...
- Matériel pour aménager l'espace : plots pour délimiter la zone de jeu.

Aménagement et/ou utilisation de l'espace

Salle, cour ou préau en totalité ou partagé en deux zones.

Séance
Jean Petit qui danse

Description de la séance

45 minutes.

Étape 1. (10 minutes).

Avant la séance, dans la classe, lors des moments de regroupement, d'accueil et, à plusieurs reprises dans la semaine qui précède, chanter (ou faire écouter) la première ronde pour commencer à la mémoriser. Expliciter aux enfants que nous allons ensuite danser dans la salle de jeu.

« Jean Petit qui danse »	***Mouvements :***
Jean Petit qui danse, *Jean Petit qui dan-an-se*	Refrain : marcher en dispersion dans la zone matérialisée.
Avec le doigt, il danse, *Avec le doigt, il dan-an-se* *Avec le doigt, doigt, doigt,* *Ainsi danse Jean Petit*	Puis, s'arrêter et exécuter le geste demandé : faire danser le doigt. Les enfants font un tour sur eux-mêmes.
Jean Petit qui danse, *Jean Petit qui dan-an-se* *Avec la main, il danse,* *Avec la main, il dan-an-se* *Avec la main, main, main,* *Avec le doigt, doigt, doigt,* *Ainsi danse Jean Petit*	Refrain : marcher en dispersion dans la zone matérialisée. Puis, s'arrêter et exécuter le geste demandé : faire danser la main.
Ajouter une partie du corps à chaque fois (pied, tête, etc.).	Faire danser le doigt. Les enfants font un tour sur eux-mêmes.

Étape 2. Mise en activité (10 minutes).

- Se déplacer dans une zone matérialisée.
- Courir, marcher, sauter, s'arrêter à un signal sonore (sifflet, instrument de musique, voix de l'enseignant qui chante par exemple).
- Chanter quelques petites comptines avec les élèves.

Étape 3. (20 minutes).

• Si pour l'apprentissage du chant, l'enseignant peut avoir recours à un moyen sonore, pour la partie en salle de jeu, il est nécessaire qu'il chante.
• Dans un premier temps, chanter et demander aux enfants de se promener dans la salle en dispersion.
• Lorsque ce premier temps est compris, alors on pourra proposer de tourner sur soi lorsqu'on chante « Ainsi danse Jean Petit ».
• Dans un troisième temps, dire : « Maintenant, vous allez danser en faisant comme moi, il faudra me regarder. » L'enseignant montre alors les gestes à imiter par les enfants. Il s'agira de faire comprendre le procédé d'accumulation dans ce jeu dansé.
• L'apprentissage est fortement guidé, on prendra appui sur les essais, les imitations, les répétitions.

Étape 4. Retour au calme (5 minutes).

• Faire verbaliser ou verbaliser : les déplacements, les gestes, la chronologie des actions. Nommer les différentes parties du corps que l'on a utilisées.
• Reprendre une comptine ensuite en retour au calme.
• Proposer un peu de relaxation en musique.

Rôle de l'enseignant

Observer les enfants et savoir qui :
• s'engage avec plaisir ;
• mémorise une courte série de gestes ;
• agit par imitation ;
• participe.

Observables comme outils d'évaluation positive

• L'enfant regarde avant de participer, fait quelques gestes, se déplace un peu.
• L'enfant se déplace en décalé après observation des autres.
• L'enfant effectue la bonne gestuelle au bon moment.
• L'enfant s'engage avec plaisir dans l'activité.

Traces

• Photos, schémas, dessins peuvent être utilisés pour se remémorer la séance.
• Compléter le carnet culturel de l'enfant qui l'accompagne dès son entrée à l'école maternelle et tout au long de sa scolarité. Il permet de construire une mémoire des rondes et jeux chantés qui font partie du patrimoine culturel de l'enfant.

Variables didactiques

Complexifier : ajouter des consignes pour ceux qui sont en réussite :
• Faire tous les gestes : marcher, faire les gestes et faire un tour sur soi.
• L'enseignant chante mais ne montre plus les gestes.
• Proposer de faire une petite ronde (quatre à six enfants) pour le refrain. On peut, pour

aider à faire une ronde, donner des foulards, des petits cerceaux à tenir, ce qui permettra de donner un peu plus d'aisance et d'amplitude aux mouvements sans tirer sur les bras ou gêner les camarades.
• Ajouter des parties du corps : doigt, main, bras, épaule, tête, jambe, pied, genou.
Simplifier pour les enfants de toute petite section ou ceux qui semblent moins à l'aise :
• Diminuer le nombre de parties du corps.
• Proposer moins de gestes (au lieu de faire un tour sur soi, repartir en dispersion).
• L'enseignant accompagne et verbalise les gestes.
Dans ce cas, les enfants sont séparés dans la salle dans deux zones distinctes. L'ATSEM peut gérer le groupe qui forme une petite ronde pendant que l'enseignant chante et montre les gestes au groupe qui est en dispersé.

Prolongement de la séquence

Ouverture vers une autre discipline

• Le langage aura une part importante sur le lexique utilisé :
  - les parties du corps : cou, genou, tête, bras, jambe... ;
  - les gestes faits : marcher, courir, s'accroupir, frapper des mains, des pieds, donner la main... ;
  - les titres des rondes.
• Le langage aura une part importante sur le retour des séances :
  - la comparaison des gestes réalisés ;
  - la mémorisation des gestes et notamment la chronologie.
• Le langage aura une part importante sur les traces gardées par le biais du carnet culturel.

Transfert de compétences

• Il sera intéressant de transférer les compétences lors des séances suivantes, dans les autres unités d'apprentissage qui auront lieu les années suivantes. En effet, les élèves pourront réinvestir les gestes dans d'autres rondes, voire dans des danses inventées.
• Les élèves pourront réinvestir les différentes parties du corps dans les séances de découverte du monde.

Séquence n° 3

Piloter des engins roulants

- Séances n°s 1 et 2 : **Familiarisation**
- Séance n° 3 : **Évaluation diagnostique**
- Séance n° 4 : **Apprentissage**
- Séances n°s 5 à 7 : **Entraînement**

Seules les séances 3 et 4 sont décrites, les autres étant laissées à l'initiative de l'enseignant.

Description de la séquence

Objectifs du domaine d'apprentissage

- Se propulser.
- Piloter des engins roulants : tourner, virer, accélérer, ralentir.
- S'équilibrer.
- Respecter les consignes de sécurité.

Attendus de fin de cycle

- Ajuster et enchaîner ses actions et ses déplacements en fonction d'obstacles à franchir ou de la trajectoire d'objets sur lesquels agir.
- Se déplacer avec aisance dans des environnements variés, naturels ou aménagés.

Critères observables

- L'enfant apprend à prendre plaisir à se déplacer sur des engins roulants.
- Il apprend à piloter un engin roulant sur un itinéraire simple.
- Il apprend à maîtriser son équilibre, sa vitesse.
- Il apprend à pédaler, se propulser avec ses pieds.

Objectifs langagiers

- Acquérir du vocabulaire.
- Expliciter les techniques pour mener à bien son projet.

Préparation organisationnelle, matérielle et spatiale de la classe

Matériel

- Pour la sécurité : un casque homologué obligatoire. (Vérifier les normes des engins utilisés.)
- Objets à piloter : vélos, tricycles, trottinettes, draisiennes, porteurs pour que chaque enfant ait un objet à piloter. Un repère de couleur sera mis sur chaque type d'engins.
- Matériel pour aménager l'espace : caissettes, plots...
- Matériel pour gérer le temps : gros sablier.

Aménagement et/ou utilisation de l'espace

En salle ou sous le préau, dans la cour de récréation.

Séance n° 3
Évaluation diagnostique

Description de la séance

35 minutes.
Durant les séances de familiarisation, les enfants ont pu essayer les différents engins et se déplacer dans un espace délimité.

Étape 1. Échauffement (10 minutes).

- Voir la séance n° 1 pour les trois premiers points.
- Marcher, courir sans bousculer les autres en repérant les obstacles.

Étape 2. Déroulement (20 minutes).

- Mettre à disposition tous les engins. Installer des gros tapis, cartons, cônes, caissettes... afin de mettre des obstacles obligeant les enfants à adapter leur trajectoire. Utiliser des objets légers pour éviter les accidents et assurer la sécurité des enfants.
- Consignes : Dire aux enfants qu'il faut éviter les autres et les obstacles. Montrer le sablier et annoncer que lorsque le temps est écoulé, il faudra changer d'engin. On pourra conseiller de se repérer aux couleurs des engins : si j'ai pris un engin avec un chouchou rouge, je dois prendre un engin avec une autre couleur.

Étape 3. Retour au calme (5 minutes).

Les enfants sont invités à parler de ce qu'ils ont appris. Puis une musique calme peut être passée. Les enfants rangent le matériel.

Rôle de l'enseignant

- Compléter une grille d'observables.
- Faire verbaliser ou verbaliser les noms des engins et les façons de les utiliser.
- Faire comprendre aux enfants la notion de danger s'ils percutent un camarade.

Observables comme outils d'évaluation positive

- L'enfant se déplace dans la zone autorisée.
- L'enfant respecte les consignes de sécurité.
- L'enfant sait se propulser sur un porteur, sur une trottinette.
- L'enfant a un équilibre correct.
- L'enfant sait pédaler.
- L'enfant respecte une trajectoire.

Séance n° 4
Apprentissage

Description de la séance

45 minutes.

Étape 1. Échauffement (10 minutes).

- Voir la séance n° 1.
- Suivre les parcours tracés au sol en marchant, en courant, pour faire un repérage avant de donner les engins à piloter.

Étape 2. Mise en place des ateliers (30 minutes).

Mettre en place quatre ateliers.

Pour les élèves qui sont à l'aise avec les différents engins

- Atelier 1 : Slalom : mettre des plots et des flèches au sol pour indiquer le chemin à suivre et le chemin pour le retour.
- Atelier 2 : Entonnoir : proposer des chemins qui se rétrécissent. Indiquer le chemin à suivre et le chemin du retour.

Pour les élèves qui commencent à se déplacer

- Atelier 3 : Manipulation libre d'engins sans dépasser les limites de la zone qui sera matérialisée, par des coupelles par exemple.
- Atelier 4 : Parcours avec des obstacles.

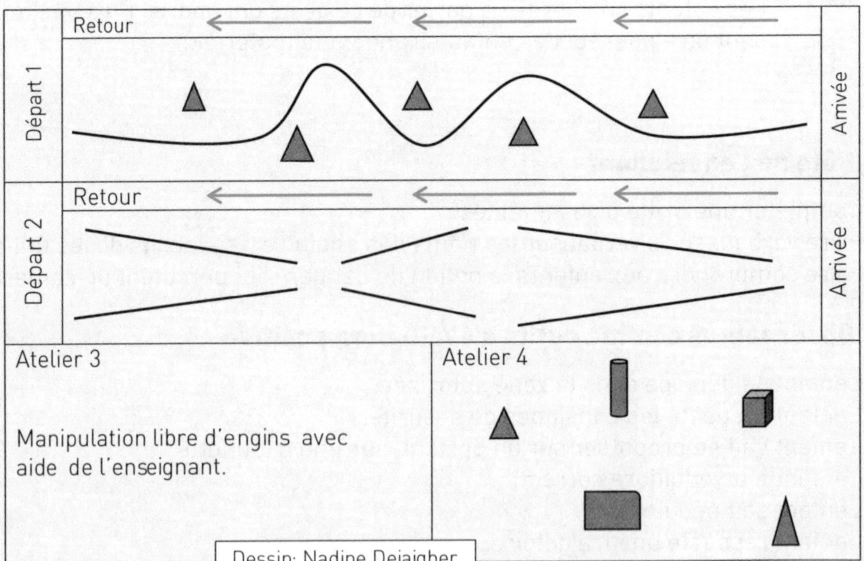

Dessin: Nadine Dejaigher

Remarques

• Il sera nécessaire d'avoir l'aide de l'ATSEM pour la gestion des différents ateliers.

• Les différents groupes seront repérés par des chasubles ou foulards de couleur.

• L'enseignant mettra à disposition des enfants les différents engins au regard de l'évaluation diagnostique qui aura été faite. En fonction des séances, les groupes varieront donc. Les enfants devront avoir leur propre projet à mettre en œuvre. Par exemple, je sais piloter, je vais essayer de faire un slalom. J'ai quelques difficultés avec la trottinette, je vais essayer de la manipuler un peu mieux.

• Au bout de 15 minutes, il y aura échange entre les ateliers 1 et 2 et les ateliers 3 et 4 avec changement d'engin.

Étape 3. Retour au calme (5 minutes).

Voir la séance n° 1.

Rôle de l'enseignant

• Donner les consignes.
• Gérer le temps.
• Aider particulièrement les enfants de l'atelier 3 et de l'atelier 4 : verbaliser, encourager, aider au pilotage.
• Demander aux enfants de regarder les autres pour imiter les gestes de ceux qui réussissent.
• Inciter les enfants qui réussissent avec un engin à en changer.
• Aider les élèves à construire un projet : en relation avec le carnet de suivi des apprentissages, dire à un enfant par exemple : « Tu sais piloter avec un porteur, maintenant, choisis un autre engin pour t'entraîner et dès que tu auras réussi, nous le noterons dans ton carnet. »

Observables comme outils d'évaluation positive

L'enseignant observe et sait qui :
• pilote et quel(s) engin(s) ;
• respecte les consignes aux ateliers ;
• maîtrise le vocabulaire.

Traces

Les photos, les dessins, les représentations schématiques peuvent faciliter la compréhension des consignes. En classe, juste après la séance, ces supports permettront de revenir sur la séance (regarder devant soi pour mieux piloter).

Variables didactiques

Complexifier :
• mettre un élastique entre deux poteaux pour passer en dessous ;
• ajouter des plans inclinés ;
• transporter des objets ;
• allonger les distances.

Prolongement de la séquence

Ouverture vers une autre discipline

• **Le langage :** lexique à utiliser : guidon, roue, frein, selle, pédale, trottinette, tricycle, draisienne. L'enseignant pourra proposer des jeux de langage. Retour des séances et sur l'analyse des supports : plans, photos, maquettes. Les plans et maquettes des différentes zones permettent de faire verbaliser les enfants sur les chemins pris. Les enfants peuvent commencer à restituer leurs déplacements oralement. Les photos et films peuvent permettre de dire ce que l'on fait et de verbaliser les engins que l'on maîtrise.

• **Explorer le monde :** une première prise de conscience de la technologie des engins pilotés est possible.

• **Activités artistiques :** explorer les traces laissées par les différents engins sur de la neige, du sable ou en passant dans des flaques.

Transfert de compétences

• Il sera intéressant de transférer les compétences acquises lors de déplacements à pied en relation avec la sécurité routière.
• Les enfants auront appris à utiliser et mettre leur casque qui est maintenant obligatoire sur route pour les enfants de moins de 12 ans, qu'ils soient conducteurs ou passagers. Cette mesure fait suite à un décret publié au *Journal officiel* du 22 décembre 2016.

PARTIE 3

Agir, s'exprimer, comprendre à travers les activités artistiques

4 Les productions plastiques et visuelles

Séquence n° 1 : Réaliser des compositions plastiques planes 67

Séquence n° 2 : Observer, comprendre et transformer des images 77

Séquence n° 3 : Pratiquer des jeux d'art 82

5 Les univers sonores

Séquence n° 1 : Chanter 89

Séquence n° 2 : Explorer les sonorités du corps 95

Séquence n° 3 : Affiner son écoute 102

6 Le spectacle vivant

Séquence n° 1 : Pratiquer quelques activités du spectacle vivant 106

Les productions plastiques et visuelles. Programmation annuelle. PS

<table>
<tr><th>Objectifs et éléments de progressivité</th><th>Période 1</th><th>Période 2</th><th>Période 3</th><th>Période 4</th><th>Période 5</th></tr>
<tr><td>Dessiner</td><td colspan="5">Pratiquer le dessin pour représenter ou illustrer, en étant fidèle au réel ou à un modèle, ou en inventant
Dessiner librement en utilisant différents outils, supports : craies à la cire, feutres, crayons de couleur…
Dessiner différents éléments du réel identifiables selon des critères collectifs (bonhomme, maisons, animaux…)
S'exprimer sur sa production</td></tr>
<tr><td rowspan="7">S'exercer au graphisme décoratif</td><td colspan="5">Réaliser une composition personnelle en reproduisant des graphismes. Créer des graphismes nouveaux</td></tr>
<tr><td colspan="2">Laisser des traces avec ses mains</td><td colspan="3"></td></tr>
<tr><td></td><td>Laisser des traces avec des objets</td><td colspan="3"></td></tr>
<tr><td colspan="2">Réaliser des points, des traits</td><td colspan="3"></td></tr>
<tr><td colspan="3">Réaliser des lignes continues, des lignes verticales</td><td colspan="2"></td></tr>
<tr><td colspan="2"></td><td colspan="2">Réaliser des lignes horizontales, des quadrillages</td><td></td></tr>
<tr><td colspan="3"></td><td colspan="2">Réaliser des cercles fermés</td></tr>
<tr><td>Réaliser des compositions plastiques, planes et en volume</td><td colspan="5">Réaliser des compositions plastiques seul ou en petit groupe, en choisissant et combinant des matériaux, en réinvestissant des techniques et des procédés
Travailler autour de la couleur : mélanges, nuances, effets*…
Cerner, mélanger, faire couler, égoutter, réserver, pocher, modeler, prolonger, élargir, compléter, graver, presser, emboîter, entrelacer, projeter, asperger, tisser, coudre</td></tr>
<tr><td>Observer, comprendre et transformer des images</td><td colspan="5">Décrire une image et exprimer son ressenti ou sa compréhension en utilisant un vocabulaire adapté
Observer et décrire des images :
dessins, illustrations d'albums, reproductions d'œuvres d'art*</td></tr>
</table>

Indépendamment ou en complément des compétences transversales, certaines d'entre elles sont à mobiliser prioritairement durant des périodes spécifiques. Rien n'empêche toutefois de les anticiper voire de les poursuivre.

*Points développés dans l'ouvrage dans le cadre de séances.

Univers sonores. Programmation annuelle. TPS-PS

<table>
<tr><th>Objectifs et éléments de progressivité</th><th>Période 1</th><th>Période 2</th><th>Période 3</th><th>Période 4</th><th>Période 5</th></tr>
<tr><td rowspan="1">Jouer avec sa voix</td><td colspan="5">Dire des comptines – Chanter
Explorer sa voix*
Dire des comptines en chœur*
Chanter en chœur*</td></tr>
<tr><td rowspan="4">Produire des sons</td><td colspan="5">Explorer les sonorités du corps</td></tr>
<tr><td></td><td colspan="2">Jeux de questions/réponses</td><td colspan="2"></td></tr>
<tr><td colspan="2"></td><td colspan="2">Produire des sons*</td><td></td></tr>
<tr><td colspan="4"></td><td>Jouer ensemble*</td></tr>
<tr><td rowspan="4">Écouter</td><td colspan="5">Affiner son écoute</td></tr>
<tr><td></td><td colspan="3">Écouter les bruits ambiants*</td><td></td></tr>
<tr><td colspan="2"></td><td>Les reconnaître</td><td colspan="2"></td></tr>
<tr><td colspan="2"></td><td>Les comparer</td><td colspan="2"></td></tr>
</table>

Indépendamment ou en complément des compétences transversales, certaines d'entre elles sont à mobiliser prioritairement durant des périodes spécifiques. Rien n'empêche toutefois de les anticiper voire de les poursuivre.

*Points développés dans l'ouvrage dans le cadre de séances.

Le spectacle vivant. Programmation annuelle. PS

<table>
<tr><th>Objectifs et éléments de progressivité</th><th>Période 1</th><th>Période 2</th><th>Période 3</th><th>Période 4</th><th>Période 5</th></tr>
<tr><td rowspan="4">Pratiquer quelques activités des arts du spectacle vivant</td><td colspan="5">Proposer des solutions dans des situations de projet, de création, de résolution de problèmes, avec son corps, sa voix ou des objets sonores</td></tr>
<tr><td colspan="2">Explorer des émotions simples*</td><td colspan="3"></td></tr>
<tr><td colspan="2"></td><td colspan="2">Accepter d'imiter des animaux</td><td></td></tr>
<tr><td colspan="5">Apprendre à devenir un spectateur actif*
Manipuler des marionnettes
Jouer avec sa voix pour reproduire des cris d'animaux
Manifester, verbalement ou non, ses émotions, ses sentiments, ses impressions*</td></tr>
</table>

Indépendamment ou en complément des compétences transversales, certaines d'entre elles sont à mobiliser prioritairement durant des périodes spécifiques. Rien n'empêche toutefois de les anticiper voire de les poursuivre.

*Points développés dans l'ouvrage dans le cadre de séances.

4

Les productions plastiques et visuelles

Séquence n° 1 : Réaliser des compositions plastiques planes 67

Séance n° 1 Découverte sensorielle des couleurs 70

Séance n° 2 Chasse aux couleurs primaires 72

Séance n° 3 Composition monochrome 75

Séquence n° 2 : Observer, comprendre et transformer des images 77

Séance L'image qui voyage 79

Séquence n° 3 : Pratiquer des jeux d'art 82

Séance n° 1 Jeu de Kim 84

Séance n° 2 Jeux d'art et de hasard 85

Marianne Caron

Marie-Ange Wilk

Séquence n° 1

Réaliser des compositions plastiques planes

- Séance n° 1 : **Découverte sensorielle des couleurs**
- Séance n° 2 : **Chasse aux couleurs primaires**
- Séance n° 3 : **Composition monochrome**

Description de la séquence

Objectifs du domaine d'apprentissage

- Découvrir et affiner sa perception des couleurs primaires.
- Découvrir le monochrome.
- Réaliser un travail individuel et collectif.

Attendus de fin de cycle

Réaliser des compositions plastiques, seuls ou en petit groupe, en choisissant et en combinant des matériaux, en réinvestissant des techniques et des procédés.

Critères observables

- Faire des choix d'objets en fonction d'une consigne donnée.
- Faire des choix de peinture, d'outils et de supports en fonction de son projet.
- Suivre les consignes.
- Recouvrir une surface.
- Réaliser une composition monochrome.

Objectifs langagiers

- Échanger, s'exprimer (entre pairs et avec l'adulte).
- Acquérir et utiliser le vocabulaire des couleurs primaires.
- Comprendre et utiliser le vocabulaire spécifique aux arts visuels.
- Décrire.

Il est important lors de la préparation de la séance de choisir un corpus de dix mots car dans son développement langagier, un enfant apprend dix mots par jour.
De manière générale, le « bain de langage » ne suffit pas. Il est nécessaire d'inciter les enfants à nommer, mettre en place de réelles situations de communication qui **imposent** la tâche de parole.

Vocabulaire passif : séances n°s 1 et 2.
Vocabulaire actif (production langagière) : séances n°s 2 et 3.

Préparation organisationnelle, matérielle et spatiale de la classe

Pour le coin sensoriel :

Organisation de la classe

Les séances sont réalisées en groupes hétérogènes de quatre à cinq enfants.

Matériel

Le matériel de l'espace sensoriel est prévu en quantité suffisante et rangé dans des boîtes, des paniers. Les albums, images et photographies sont installés sur des supports verticaux.

Aménagement et/ou utilisation de l'espace

Cet espace est conçu pour répondre aux besoins du jeune enfant de s'éveiller, d'agir et de découvrir le monde à travers l'expérience de sensations nouvelles. Ici, les enfants expérimentent les couleurs à travers l'exploration visuelle et la manipulation d'images et d'objets.

Pour l'espace arts visuels :

Organisation de la classe

L'espace est permanent, à différents moments de la journée, ainsi que pendant le temps d'accueil :
• En accès libre, pour explorer du matériel mis à disposition lors d'ateliers de découverte en autonomie.
• En atelier dirigé, en séances de découverte, d'entraînement et de réinvestissement dans le cadre d'activités guidées autour d'un projet, pour des explorations plastiques en plan et en volume.

Matériel

L'apport de matériel se fait progressivement. Il évolue et se diversifie au fil des projets de classe :
• Différents outils, conventionnels ou inhabituels (pinceaux divers, empruntés au travail du bâtiment, éponges et rouleaux de tailles différentes, brosses variées, chiffons, balayettes...).
• Différents supports, de tailles, formes et textures variées (papiers, cartons, journaux, rhodoïd...).
• Différents médiums de texture, fluidité, brillance variées (gouaches, encres, crayons, craies, pastels, fusains, colle, sable, farine, cirage...).

Aménagement et/ou utilisation de l'espace

Les plans de travail sont variés : horizontaux (recommandé pour les TPS/PS) sur des tables, obliques, verticaux (pour les coulures...), sur des chevalets muraux, au sol...

L'espace arts visuels

Photographies : Marianne Caron

Séance n° 1
Découverte sensorielle des couleurs

Description de la séance

10 minutes.

Matériel pour l'espace sensoriel :

- Papier de couleur, rhodoïd, vitrail...
- Échantillons de tissu
- Nuanciers
- Lunettes en rhodoïd de couleur, loupes
- Albums jeunesse
- Images
- Objets

Étape 1. Explorer, manipuler librement

L'espace est installé de cette façon pour une période : tous les objets d'une même couleur sont installés pour deux semaines, permettant à chacun de prendre le temps de la découverte, de la manipulation et de l'observation.

Étape 2. Observer et échanger

Installé au plus près des enfants, l'enseignant sollicite leur attention, les guide dans l'observation des couleurs, les conduit à affiner progressivement leur perception en cherchant à orienter les échanges vers les ressemblances, les différences ; à effectuer des tris (les plus clairs, les plus foncés) pour découvrir qu'il existe des nuances d'une même couleur, pour apprendre à les repérer.

Rôle de l'enseignant

• Il met en place toutes les conditions favorables au développement des aptitudes sensorielles : séances de courte durée, qui se répètent régulièrement et s'effectuent dans le calme.
• Il aide les enfants à vivre avec plaisir ces moments de découvertes et d'apprentissages par leurs sens.
• L'apport d'instruments d'optique (lunettes, loupes, rhodoïds...) permet d'aiguiser leur curiosité.

Observables comme outils d'évaluation positive

L'enseignant observe chacun de ses élèves et sait qui :
- s'engage spontanément dans l'exploration libre ;
- parle en petit groupe ;
- relève des ressemblances et des différences.

Traces

Des porte-vues renfermant des collections d'objets et d'images d'une même couleur sont à disposition des élèves dans l'espace sensoriel.

Variables didactiques

Cet espace évolue et se transforme, selon les projets de classe, en espace d'exploration tactile, sonore ou olfactive.

Séance n° 2
Chasse aux couleurs primaires

Description de la séance

20 minutes.

Matériel :

- Objets collectés
- Feuilles d'essai
- Feuilles blanches de format A3 pour fabriquer une enveloppe, ou boîtes en carton
- Gouache de couleur (bleue, jaune ou rouge), gouache noire (en petite quantité) et blanche
- Pinceaux, brosses, rouleaux, éponges

Étape 1. Préparer la collecte d'objets

• Avec la complicité des parents, inviter chaque enfant à rapporter un objet (bleu, rouge ou jaune) de la maison.
• « Dans quoi va-t-on le ramener ? » « Dans une enveloppe. »
• Proposer de fabriquer une enveloppe à partir d'une feuille blanche que l'on va recouvrir de bleu.
• Rappel des découvertes effectuées au coin sensoriel : il existe une multitude de bleus.
• « On va fabriquer beaucoup de bleus différents pour recouvrir l'enveloppe. »
• Mettre à disposition des élèves le matériel pour faire des essais de couleur ; leur proposer de faire ensemble des essais de mélanges (couleur + noir ou blanc). Par exemple : « On va essayer de faire le bleu du ciel. »
• Faire verbaliser les résultats obtenus, renouveler l'expérimentation et constater les effets.
• Inviter chaque élève à choisir un outil (pinceau…) pour recouvrir son support avec les nuances découvertes.

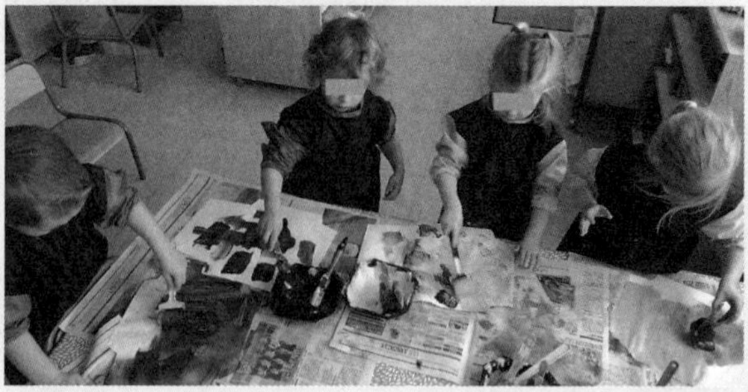

Photographie : Marianne Caron.

Étape 2. Collecter

• Distribuer les enveloppes à l'intérieur desquelles est glissée une invitation à collecter un objet de la couleur de l'enveloppe.
• Au retour, on constate qu'on ne peut pas toutes les ouvrir le même jour.
• Mettre en place un planning pour organiser cette attente.

Étape 3. Présenter son objet

• Poser sur une table les objets collectés par chaque groupe d'enfants : les aider à nommer leur objet, à expliquer d'où il vient, à le caractériser (préciser sa couleur, sa matière, sa forme, sa fonction).
• Avec les élèves les plus jeunes, privilégier l'échange individuel. Le moment de l'accueil peut être le plus propice pour ces relations duelles enseignant/enfant.

Étape 4. Apparier les objets

• Ce jeu de tri par paire permet d'affiner la perception visuelle et de caractériser les nuances par comparaison.
• Rassembler sur une table tous les objets collectés de la même couleur.
• Distribuer une barquette à chaque élève ; demander de mettre dedans deux objets qui vont ensemble, dire pourquoi.

Rôle de l'enseignant

• **Étape 1 :** Il laisse expérimenter les enfants afin qu'ils manipulent librement matériaux, outils, pour en découvrir les qualités, les propriétés. Il les observe afin de les encourager, de leur apporter une aide efficace.
• **Étape 2 :** La collecte est une étape essentielle car elle répond au besoin de l'élève d'exercer ses sens et participe activement à l'éducation du regard de l'élève.
• Donald Winnicott fut le premier à parler de l'objet transitionnel correspondant au besoin psychologique (réduire une angoisse, des tensions) et physiologique (plaisir de le toucher) du jeune enfant. Ici, l'objet rapporté de la maison, faisant le lien entre la famille et l'école, peut être vécu comme tel par certains enfants, et les aider à établir une certaine transition entre les deux environnements.

Observables comme outils d'évaluation positive

L'enseignant observe chacun de ses élèves et sait qui :
• explore différents outils et médiums ;
• désigne les couleurs et les nomme ;
• remplit toute la surface de sa feuille ;
prend plaisir à agir.

Traces

Installer un musée de classe pour faire exister une culture commune au groupe, et répondre aux besoins de l'élève de collectionner, de rassembler des objets :
- Installer un magasin de curiosités : un cabinet des merveilles où l'on collectionne des objets.
- Installer une réserve d'images : photos, images, cartes postales, reproductions...

Variables didactiques

- Expérimenter le SMOG (Support – Médium – Outil – Geste) développe la coordination oculomotrice (mon œil regarde ce que ma main fait) qui permet de passer de la trace fortuite et spontanée à la trace volontaire : passer du « faire », au « dire le faire », pour « penser le faire ».
- Diversifier le SMOG tout au long de l'année permet de développer cette habileté.
- En variant les supports (nature, dimension...), les médiums (fluidité, brillance...), les outils (nature, utilisation...), l'amplitude des gestes, le jeune élève va progressivement affiner ses mouvements, passant d'une gestualité globale à un ajustement de ses actions.

Séance n° 3
Composition monochrome

Description de la séance

30 minutes.

Le matériel :

- Objets de la collecte
- Une réserve d'objets pour chaque couleur
- Pots de colle et pinceaux
- Trois feuilles de carton plume
- Une agrafeuse murale

Étape 1. **Choisir une couleur**

Après l'étude de chaque période (bleue, rouge et jaune), diviser la classe en trois groupes. Chaque groupe choisit une couleur et procède au tri d'objets de la couleur choisie.

Étape 2. **Composer**

- Après lecture d'albums sur les couleurs, déterminer ensemble quels objets peuvent être associés à la couleur jaune.
- Disposer librement les objets triés sur la forme de carton plume, observer les effets produits ; demander de remplir l'espace de la feuille.
- Au fur et à mesure, proposer de fixer les objets avec de la colle ou une gomme repositionnable, si les enfants souhaitent récupérer leur objet.

Photographie : Marianne Caron.

Étape 3. Exposer

- Présenter le projet : on va exposer les productions. Expliquer le mot « exposition » (« donner à voir » à d'autres ce que l'on a fait, comment...).
- Élaborer ensemble les différentes étapes :
  - Chercher ensemble un lieu de mise en valeur des productions dans la classe ou dans l'école.
  - Signer en collant l'étiquette de son prénom sur la composition collective.
  - Procéder à l'accrochage sur le mur, avec l'aide de l'enseignant.
  - Écrire une lettre collective en dictée à l'adulte pour inviter les familles, et la coller dans le cahier de vie.

Rôle de l'enseignant

- Afin d'être disponible pour observer les enfants et les aider, l'organisation matérielle, réfléchie et préparée, est indispensable.
- La position debout favorise une bonne amplitude des gestes et une adaptation aux supports.
- Le support posé au sol permet de prendre du recul et d'avoir une vue d'ensemble de la composition en train de se réaliser.
- Pratiquer cette séance dans la salle polyvalente favorise les déplacements et les actions des enfants.

Observables comme outils d'évaluation positive

L'enseignant observe chacun de ses élèves et sait qui :
- trie ;
- remplit la surface de la forme ;
- colle ;
- prend plaisir à agir.

Traces

- Exposer les compositions, donner à voir hors de la classe permet de faire le lien avec les familles : les enfants ont plaisir à montrer leurs réalisations. Exposer contribue également au sentiment d'appartenance au groupe, tout en permettant aux enfants d'être reconnus uniques parmi les autres (passage de l'individuel au collectif).
- Un descriptif des différentes étapes des productions collectives peut être collé dans le cahier de vie, avec les commentaires de chaque élève en dictée à l'adulte.

Variables didactiques

Cette démarche peut être reprise dans le cadre d'un projet sur les formes (chasse aux ronds) ou sur les matières, ou avec d'autres procédés, d'autres artistes travaillant le monochrome (par exemple Ad Reinhardt, *Ultimate Painting n° 6*, 1960 ; Olivier Mosset, *Sans titre*, 1999-2000 ; Yves Klein, *IKB 3 monochrome*).

Séquence n° 2

Observer, comprendre et transformer des images

Suite de la séquence 1.

• Séance : **L'image qui voyage**

Description de la séquence

Objectifs du domaine d'apprentissage

• Découvrir une œuvre de Tony Cragg.
• Arrêter son regard pour le temps de l'observation.
• Réinvestir les acquis pour jouer avec les couleurs.

Attendus de fin de cycle

• Décrire une image et exprimer son ressenti ou sa compréhension en utilisant un vocabulaire adapté.
• Pratiquer divers usages du langage oral : raconter, expliquer.

Critères observables

L'enfant est capable d'observer une image, de décrire ce qu'il voit et de mettre des mots sur ce qu'il imagine.

Objectifs langagiers

• Décrire une image, exprimer un ressenti, mettre en mots une émotion.
• Comprendre et utiliser le vocabulaire spécifique à la lecture d'images (couleurs, formes, matières).
• Oser entrer en communication.
• Raconter des actions vécues à la maison.

Préparation organisationnelle, matérielle et spatiale de la classe

Organisation de la classe

Les séances de lecture d'images sont réalisées en demi-classe ou en petits groupes. L'image est présentée sur un chevalet ou affichée au tableau, à la hauteur des enfants.

Matériel

• Le choix de l'image est important, il doit conduire à un questionnement : l'image est-elle claire, lisible, compréhensible ? Les enfants peuvent-ils la mettre en relation avec les activités qu'ils ont réalisées ? Peuvent-ils identifier facilement quelques éléments de l'œuvre ?

• Les œuvres peuvent être choisies dans la liste indicative d'exemples d'œuvres Eduscol.

Aménagement et/ou utilisation de l'espace

Pas d'aménagement spécifique. La lecture d'image se déroule au coin regroupement. Cependant, il est préférable que les enfants soient face à l'image à lire uniquement pour pouvoir se concentrer. Si le mur en face d'eux est surchargé d'affichage, les enfants auront des difficultés à fixer leur attention sur le support choisi pour la séance.

Séance
L'image qui voyage

Description de la séance

Le matériel :

- Les compositions monochromes réalisées lors de la séquence 1
- Une reproduction au format A2 de l'œuvre de Tony Cragg, *La lune bleue*, 1980
- Une photographie de l'artiste

Étape 1. Lire une image

Durée : 15 minutes.

- **Dévoilement progressif de l'œuvre :** L'œuvre de Tony Cragg est présentée aux enfants : elle est recouverte d'une feuille dans laquelle des fenêtres ont été découpées : elles s'ouvrent progressivement, laissant apparaître quelques objets de couleur bleue.
- La découverte de cette œuvre de manière parcellaire permet aux enfants d'émettre des hypothèses qui se vérifieront une fois l'œuvre découverte dans sa totalité.
- Demander aux enfants : « Que voyez-vous ? »
- L'œuvre peut être abordée selon trois approches différentes : approche plastique, approche informative, approche sensorielle.
- Approche plastique : les couleurs, formes, matières, espace. Des **rapprochements avec leurs réalisations** s'opèrent.
- Approche informative : l'histoire du tableau. L'enseignant leur explique de qui il s'agit et leur montre une photographie de l'artiste.
- Approche sensorielle : les sensations, les impressions. « Qu'est-ce que vous en pensez ? Vous aimez bien ? Pourquoi ça vous plaît ? » L'enseignant aide les enfants à exprimer leur ressenti, leur imaginaire.

Étape 2. L'image qui voyage

Durée : 10 minutes.

- À l'intérieur du sac de « l'image qui voyage », on trouve :
  - la reproduction de l'œuvre de Tony Cragg plastifiée, au format A4, et la photo d'une production collective ;
  - le carnet de voyage de l'image, mémoire des traces écrites et photographiques réalisées à la maison ;
  - le jeu : un plateau rouge (ou bleu ou jaune) et une enveloppe avec trois étiquettes-lieux : chambre ; cuisine ; salle de bains ;
  - les notices explicatives du carnet de voyage, et du jeu ;

- le carnet de voyage : c'est un cahier de format 22 × 17 cm. Chaque enfant a deux pages pour dessiner, coller des photos et écrire, avec l'aide de sa famille, les activités réalisées avec le jeu. Au retour du sac à l'école, l'enfant présente et raconte librement son carnet de voyage. L'enseignant le laisse s'exprimer et l'aide si besoin ;
- le jeu du plateau : « Tire une étiquette-lieu au hasard, et avec ton plateau rouge, pars à la recherche d'objets rouges dans le lieu indiqué. »

• Présenter le sac de l'image qui va voyager dans les familles.
• Expliquer aux enfants et à leur famille que c'est la mascotte de la classe qui déterminera, chaque semaine, qui repartira à la maison avec le sac, en procédant au tirage au sort d'un prénom d'élève.

Rôle de l'enseignant

Pour l'étape 1

• Avec les enfants les plus jeunes qui s'expriment par mots-phrases, il est nécessaire de mettre en place, tout au long de la séance, une « interaction langagière de tutelle » pour développer le langage oral.
• L'enseignant utilise le dévoilement progressif de l'image : ce dispositif pédagogique (voir les documents du CPAV 62 : http://pedagogie-62.ac-lille.fr/cycle-2/enseignements-artistiques/arts-plastiques/lecture-doeuvres/3-quelles-strategies.pdf/view) permet de réinvestir les expérimentations et découvertes précédentes, et fait émerger les caractéristiques plastiques de l'œuvre (couleurs, formes, matières).

Pour l'étape 2

• Le sac de l'image qui voyage est un des outils qu'utilise l'enseignant pour mettre en mémoire des références artistiques et culturelles.
• En contribuant à la construction d'une première culture artistique, cet outil devient un des éléments de traçabilité du PEAC (Parcours éducation artistique et culturel), dans un souci de continuité et de progressivité des apprentissages.
• Cet outil met l'enfant en situation de lecteur d'images en donnant une véritable place à l'œuvre dès le plus jeune âge ; il est également une variante du principe de l'artothèque (emprunt d'œuvres comme dans une BCD).

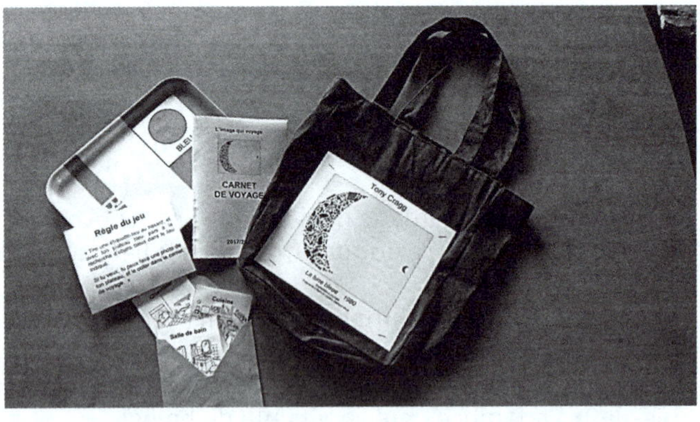

Photographie : Marianne Caron.

Observables comme outils d'évaluation positive

L'enseignant observe chacun de ses élèves et sait qui :
- ose prendre la parole ;
- répète un mot ou une phrase simple ;
- dit ce qu'il voit ;
- dit ce qu'il ressent ;
- s'exprime avec l'aide du carnet de voyage ;

montre de l'intérêt.

Traces

- Recueillir dans le cahier culturel les ressentis personnels, sous forme de dictée à l'adulte.
- Dans le carnet de voyage, la famille s'exprime librement. L'image qui voyage est aussi un outil de liaison avec les familles. Elle provoque des situations de langage en permettant à l'enfant de raconter, d'expliquer. Il s'agit ici d'entrer dans le langage d'évocation, dans la mise en pensée d'événements passés.
- Le langage d'évocation est l'outil indispensable à la construction du savoir : en effet, pour apprendre, l'élève a besoin de se construire des représentations mentales, il lui faut se décentrer, ne plus être dans l'action immédiate : savoir anticiper, imaginer, émettre des hypothèses, analyser, entrer dans la déduction ou encore se rappeler, mémoriser.

Variables didactiques

- D'autres artistes ont également utilisé ces procédés plastiques : accumulations d'objets comme Arman, *Accumulations Renault* ; Annette Messager, *Edna* ; Choi Jeong Hwa, *Cahier de Séoul* ; Ya Ri, *Capsule sensorielle*.

Séquence n° 3

Pratique des jeux d'art

Un travail d'observation, de reconnaissance, de manipulation et de collecte de formes est mis en place au préalable (voir la démarche des séances n°s 1 et 2 de la séquence 1).

- Séance n° 1 : **Jeu de Kim**
- Séance n° 2 : **Jeux d'art et de hasard**

Description de la séquence

Objectifs du domaine d'apprentissage

- Exercer sa mémoire immédiate.
- Découvrir et affiner sa perception des formes.
- Découvrir une œuvre d'Auguste Herbin.
- Arrêter son regard pour le temps de l'observation.
- Réaliser un travail individuel et collectif.

Attendus de fin de cycle

Réaliser des compositions plastiques, seul ou en petit groupe, en choisissant et en combinant des matériaux, en réinvestissant des techniques et des procédés.

Critères observables

- Observer des images fixes : l'enfant dit ce qu'il voit, ce qu'il imagine.
- Faire des choix d'objets en fonction d'une consigne donnée.
- Suivre les consignes.
- Recouvrir une surface.

Objectifs langagiers

- Échanger, s'exprimer (entre pairs et avec l'adulte).
- Acquérir et utiliser le vocabulaire des formes géométriques, le vocabulaire spatial.
- Comprendre et utiliser le vocabulaire spécifique aux arts visuels.
- Décrire.

Préparation organisationnelle, matérielle et spatiale de la classe

Organisation de la classe

Les séances sont réalisées en groupes hétérogènes de quatre ou cinq enfants. Les séances de lecture d'images sont réalisées en demi-classe ou en petits groupes. L'image est présentée sur un chevalet ou affichée au tableau, à hauteur d'enfant.

Matériel

Voir les séances.

Aménagement et/ou utilisation de l'espace

Aucun aménagement spécifique.

Séance n° 1
Jeu de Kim

Description de la séance

15 minutes.

Le matériel :

- Six blocs logiques (trois ronds et trois carrés de tailles différentes)
- Un tissu opaque
- • Un plateau

Étape 1. Observer, toucher, nommer

Faire observer et nommer les six blocs logiques. Cacher les objets, les enfants les énumèrent ; les plus petits peuvent toucher les objets qui ont été oubliés.

Étape 2. Mémoriser

Découvrir les objets cachés pendant 30 secondes, puis faire fermer les yeux aux enfants (ou tourner le dos) pour ajouter ou retirer un ou plusieurs objets. Les enfants recherchent ensuite les modifications apportées comme dans un jeu d'intrus.

Rôle de l'enseignant

• La verbalisation joue un rôle central : le parler est modélisant et il ne faut pas hésiter à dire plusieurs fois les noms des objets, et inciter à les faire répéter en favorisant l'interaction.
• L'enseignant aide à la mise en œuvre des apprentissages perceptifs et réflexifs qui incitent l'enfant à passer progressivement d'un « simple » acte sensoriel, voir, à un acte sensoriel et mental, regarder (éducation du regard).

Observables comme outils d'évaluation positive

L'enseignant observe chacun de ses élèves et sait :
- qui observe ;
- qui identifie les formes et les nomme ;
- qui mémorise ;
- qui prend plaisir à jouer.

Variables didactiques

• Varier le nombre d'objets proposés, leur espacement, le temps imparti pour les mémoriser.
• Proposer l'ajout, le retrait de deux éléments ou plus.
• Annoncer qu'on va enlever ou ajouter un élément, puis ne plus l'annoncer.
Proposer le Kim du toucher : reconnaître des formes au toucher dans un sac.

Séance n° 2
Jeux d'art et de hasard

Description de la séance

30 minutes.

Le matériel :

Pour l'étape 1
- Une reproduction au format A2 de l'œuvre d'Auguste Herbin, *Soleil 1*, 1947
- Une photographie de l'artiste

Pour l'étape 2
- Blocs logiques : une boîte
- 1/4 de format raisin noir
- Gomme repositionnable

Pour l'étape 3
- Papier gouaché pour le fond
- Un dé avec six faces (grand rond, petit rond, grand triangle, petit triangle, grand croissant, petit croissant)
- 21 formes géométriques en couleur
- Colle
- Reproduction de *Soleil 1* d'Auguste Herbin

Étape 1. Lire une image

- L'œuvre d'Auguste Herbin est présentée aux enfants : elle est recouverte d'une feuille dans laquelle des fenêtres ont été aménagées : elles s'ouvrent progressivement, laissant apparaître des formes géométriques.
- La découverte de cette œuvre de manière parcellaire permet aux enfants d'émettre des hypothèses qui se vérifient une fois l'œuvre découverte dans sa totalité.
- « Que voyez-vous ? »
- L'œuvre peut être abordée selon trois approches différentes :

approche plastique : les couleurs, formes, matières, espace ;
approche informative : l'histoire du tableau. L'enseignant leur explique de qui il s'agit et leur montre une photographie de l'artiste ;
approche sensorielle : les sensations, les impressions « Qu'est-ce que vous en pensez ? Vous aimez bien ? Pourquoi ça vous plaît ? » L'enseignant aide les enfants à exprimer leur ressenti, leur imaginaire.

Photographie : Marianne Caron.

Étape 2. Composer avec une contrainte

• Présenter tous les blocs logiques aux élèves. Expliquer que l'on va assembler les formes de façon à ce qu'elles se touchent.
• Chercher ensemble toutes les possibilités d'agencement possible. Relancer l'activité en invitant les élèves à utiliser tout l'espace pour combler les vides. Effectuer le collage avec la gomme repositionnable, pour le présenter aux autres.

Étape 3. Composer au hasard avec le dé

• Expliquer que les enfants vont jouer avec le hasard pour créer une production.
• Une contrainte est imposée : c'est le lancer du dé des formes qui guide les actions. Chaque enfant pose une forme à son tour sur le fond gouaché, et la colle. La partie est terminée quand toutes les formes sont agencées sur le support.

Photographie : Marianne Caron.

Rôle de l'enseignant

Il guide, questionne, guette les propositions, donne la parole, reformule. Il rappelle le travail fait tout au long des étapes successives.

Observables comme outils d'évaluation positive

• Observables de la séance n° 1.

- L'enfant dit ce qu'il voit, ce qu'il ressent.
- L'enfant parle en petit groupe.
- Il prend du plaisir à jouer.
- Il juxtapose les formes.

Traces

Les productions des TPS-PS à partir de l'œuvre d'Auguste Herbin

Photographie : Marianne Caron, école Casadesus Hulluch.

Variables didactiques

Voir et verbaliser les différentes possibilités d'agencement des formes : juxtaposition, superposition, alignement, encadrement, collage par formes... Ces jeux d'observation, de reconnaissance, de manipulation, d'appropriation, de création permettent d'ouvrir ou de prolonger les séances pour explorer des formes, des grandeurs, des suites organisées et se repérer dans l'espace.

5

Les univers sonores

Séquence n° 1 : Chanter 89

Séance filée n° 1 Chanter ensemble 91

Séance filée n° 2 Dire des comptines 93

Séquence n° 2 : Explorer les sonorités du corps 95

Séance filée n° 1 Des sons, du rythme 97

Séance filée n° 2 Jouer ensemble 99

Séquence n° 3 : Affiner son écoute 102

Séance Les bruits autour de nous 103

Danièle Adad

Séquence n° 1

Chanter[1]

- Séance filée n° 1 : **Chanter ensemble**
- Séance filée n° 2 : **Dire des comptines**

Description de la séquence

Objectifs du domaine d'apprentissage

- Explorer les richesses de la voix.
- Chanter en chœur.
- Réagir à un signal.

Attendus de fin de cycle

- Avoir mémorisé un répertoire varié de comptines et de chansons et les interpréter de manière expressive.
- Jouer avec sa voix pour explorer des variantes de timbre, d'intensité, de hauteur, de nuance.

Critères observables

- Écouter.
- Faire les gestes.
- Chanter.
- Suivre les consignes.
- Mémoriser quelques textes.

Objectifs langagiers

- Répéter.
- Articuler.
- Acquérir une structure syntaxique.
- Acquérir du vocabulaire.

1 Pour accéder aux chansons évoquées dans ce chapitre, utiliser le lien suivant : https://danieleadad.com/fichiers-a-ecouter

Préparation organisationnelle, matérielle et spatiale de la classe

Organisation de la classe

En collectif, les élèves pourront être assis en demi-cercle, soit au coin regroupement soit par terre dans une salle polyvalente, ou voyager dans l'espace à disposition.

Matériel

Aucun matériel spécifique sauf si usage de bande-son ou accompagnement instrumental par l'enseignant.

Aménagement et/ou utilisation de l'espace

Aucun aménagement spécifique. Les élèves pourront marcher dans la salle en fonction des consignes, s'asseoir pour apprendre, se lever pour interpréter.

Séance filée n° 1
Chanter ensemble

Description de la séance

20 minutes.

Étape 1. Échauffement corporel

• Se frotter les mains, les bras, la nuque, le cou, le front, les yeux, les joues. Se frotter les jambes avec énergie pour « chasser les fourmis ».
• Hausser les épaules, les baisser, avoir le dos bien droit comme si on tirait une ficelle au-dessus de nos têtes.

Étape 2. Échauffement vocal

• Bâiller silencieusement. Bâiller en criant. Souffler les bougies que l'enseignant symbolise avec une main levée qui se baisse quand la flamme est éteinte.
• Faire le bruit des abeilles (BZZZZZZZZZZZZZ), de la pluie qui tombe (FLIC FLAC FLOC, FLIC, FLAC, FLOC...), d'un vaporisateur (PSCHIIIII)...
• Dire la comptine « Cri Cri Cro Cro » en respectant la consigne d'intensité et de timbre : « Cri Cri Cro Cro. Le kiki est tombé dans l'eau. Mais comme il savait nager il remonta sur sa branche et se remit à chanter. »
• Reprendre en boucle.
• Variantes : en chuchotant, en parlant normalement, en parlant fort, en hurlant, en variant les intensités ; avec la voix d'une souris, d'un ours, d'un canard, en variant les timbres.

Étape 3. Apprentissage d'une chanson

La présenter et la chanter en boucle en faisant des gestes pour aider à la mémorisation et à la compréhension. Laisser les élèves rejoindre l'enseignant par les gestes, par la fin de certaines phrases ou par le refrain. Quand les élèves montrent une bonne connaissance du texte, leur proposer un repère dans les paroles et la structure de la chanson en faisant les gestes sans chanter ou en articulant les paroles sans son.

Chanson exemple :

Dans la forêt	Ouvrir les bras au-dessus de la tête.
Un ouistiti	Mimer un singe se grattant tête et aisselles.
Tout petit,	Montrer une taille les deux mains superposées.
tout petit	Réduire cette taille.
Se balançait	Balancer les bras.
De-ci,	Mettre les deux mains à gauche.
De-là,	Mettre les deux mains à droite.
Hop là,	Frapper des mains.

Chanson exemple : (suite)

Hop là	Frapper des mains et laisser les mains jointes.
Un gros serpent PSSSSSS	Glisser les mains jointes vers l'avant.
Vint en rampant	Refaire le même geste.
Pan pan pan pan	Lever les bras.
Le ouistiti	Mimer un singe se grattant tête et aisselles.
Il est parti	Balancer les bras rapidement.
Tant pis,	Hausser les épaules en ouvrant les mains.
Tant pis.	Refaire le même geste.

Étape 4. Chant des textes déjà appris précédemment

Rôle de l'enseignant

• La **posture** : L'enseignant est modélisant. Il fait le travail demandé plutôt que de donner une consigne et invite les élèves à l'imiter. Il observe tous ses élèves, les laisse écouter le temps nécessaire à chacun et compte sur l'effet du groupe pour donner la confiance de chanter.
• La gestion du groupe : Il a des gestes précis qui donnent le départ, l'arrêt et qui indiquent les variables du son. Le départ doit être précis ou recommencé, les consignes de variation de la voix et du temps d'écoute doivent être respectées ou le travail arrêté et repris.
• Le contenu : Il peut chanter a cappella, utiliser un instrument (guitare, piano...), mettre une bande-son. Il connaît parfaitement les chansons qu'il présente au niveau des paroles, du rythme, des gestes proposés, de la mélodie. Il s'assure que cela correspond à la tessiture de ses élèves (en cycle 1, en général, une octave, de do à do).

Observables comme outils d'évaluation positive

Même en collectif, il est possible d'observer chacun des élèves et de savoir :
• qui écoute ;
• qui fait les gestes ;
• qui chante.

En chant choral, grâce à l'écoute globale, il est possible de savoir si tous :
• suivent les consignes du chef de chœur :
  – de départ ;
  – d'arrêt ;
  – de rythme ;
  – d'effet vocal ;
  – de justesse de la mélodie ;
• mémorisent les textes.

Traces

• Recueillir sur un support numérique l'enregistrement audio des chansons apprises par la classe ainsi que l'enregistrement vidéo.
• Recueillir dans un cahier le texte chanté et mémorisé.

Variables didactiques

Cette séance peut se faire avec plusieurs classes de même niveau ou de même cycle pour monter une chorale. Elle est régulière (une fois par semaine par exemple) et se complète avec d'autres chants, d'autres comptines. Ceux-ci peuvent être de plus en plus longs au fur et à mesure de l'année. Le chant proposé ici peut se faire en période 2.

Séance filée n° 2
Dire des comptines

Description de la séance

10 minutes.

Étape 1. Écoute

• Les comptines choisies sont dites par l'enseignant et répétées accompagnées de gestes.

• Laisser les élèves rejoindre l'enseignant par les gestes, quelques mots, puis tout le texte.

Étape 2. Répétition

Quand les élèves montrent une bonne connaissance du texte, leur proposer un repère dans les paroles en faisant les gestes sans dire la comptine ou en articulant les paroles sans son.

Étape 3. Appropriation

Les textes des comptines apprises sont affichés et mis dans un fichier ou un classeur à disposition des élèves. Au recto : les paroles, au verso : une illustration. Chaque jour, quelques élèves, tour à tour, choisissent une comptine à dire ensemble. L'élève qui propose le texte s'empare de la fiche, vérifie s'il s'agit bien de la comptine dont il parle en s'appuyant sur l'illustration au verso et, soit la donne à l'enseignant, soit la garde dans les mains en se mettant face à la classe pour guider le groupe.

Exemples de comptine :

Un bonbon, Deux bonbons, Trois bonbons Mmmmm ! C'est bon !	Lever le pouce. Lever le pouce et l'index. Lever le pouce, l'index et le majeur. Se frotter le ventre.

Une petite main rien qu'à moi, Une petite main a cinq doigts. Le joli pouce dit : « Bonjour Maman ! » Le joli pouce dit : « Bonjour Papa ! » Le joli pouce dit : « Bonjour Grand frère ! » Le joli pouce dit : « Bonjour Bébé ! » Et je dis bonjour à mes copains : « Bonjour ! »	Mettre la main sur la poitrine. Lever la main et fermer le poing. Le pouce touche l'index qui se lève. Le pouce touche le majeur qui se lève. Le pouce touche l'annulaire qui se lève. Le pouce touche l'auriculaire qui se lève. Saluer le plus de copains possible en regardant chacun d'eux.

Rôle de l'enseignant

L'enseignant est modélisant. Il dit la comptine et invite les élèves à l'imiter. Il observe tous ses élèves, les laisse écouter le temps nécessaire à chacun et compte sur la répétition de la comptine pour faire les gestes, dire le texte, mettre le ton, mémoriser. Il est exigeant : la comptine doit se dire au même rythme pour tout le monde ou être arrêtée et reprise.

Observables comme outils d'évaluation positive

Même en collectif, il est possible d'observer chacun des élèves et de savoir :
- qui écoute ;
- qui fait les gestes ;
- qui dit la comptine.

À l'étape **Appropriation**, il est possible d'écouter et d'observer chaque élève individuellement, alors que le travail se fait toujours en collectif, avec les items suivants :
- Je retrouve le texte d'une comptine.
- Je fais les gestes.
- Je connais le texte.

Traces

Recueillir sur un support numérique ou dans un cahier au moment de l'étape **Appropriation** l'enregistrement audio et le texte de la comptine choisie.

Variables didactiques

Cette séance est quotidienne et peut même se faire plusieurs fois dans la journée. Elle se propose en rituel, en temps de transition, pour retrouver le calme, ou en introduction à une notion à travailler dans différents domaines. Les comptines choisies peuvent être en lien avec le champ lexical de nombreux domaines d'apprentissage ou avec la numération.

Prolongement de la séquence

Ouverture vers une autre discipline

Comme indiqué dans les variables didactiques, le choix des chansons et des comptines peut se faire en rapport avec les sujets d'apprentissage des autres domaines pour les illustrer ou manipuler un champ lexical particulier.

Transfert de compétences

Cette séquence travaille sur la prise de parole, l'articulation, l'enrichissement du vocabulaire, la posture, et tout ce qui concerne la technique de l'oral. Elle développe également la confiance en soi et la cohésion du groupe classe. Ainsi, ces compétences seront sollicitées dans toutes les activités d'oral.

Séquence n° 2

Explorer les sonorités du corps

Cette séquence peut se faire tout au long de l'année grâce à deux séances filées qui, répétées régulièrement, amènent progressivement les élèves à atteindre les objectifs visés.

- Séance filée n° 1 : **Des sons, du rythme**
- Séance filée n° 2 : **Jouer ensemble**

Description de la séquence

Objectifs du domaine d'apprentissage

- Découvrir des sources sonores variées.
- Maîtriser ses gestes.
- En contrôler les effets.

Attendus de fin de cycle

- Repérer et reproduire, corporellement ou avec des instruments, des formules rythmiques simples.
- Proposer des solutions dans des situations de projet, de création, de résolution de problèmes, avec son corps, sa voix ou des objets sonores.

Critères observables

- Écouter.
- Marcher en rythme.
- Chanter les onomatopées.
- Suivre les consignes.
- Reproduire des formules rythmiques.

Objectifs langagiers

- Comprendre le champ lexical du corps : main, cuisse, pied.
- Utiliser le champ lexical du corps.
- Comprendre le champ lexical des gestes nécessaires : taper, frotter.
- Utiliser le champ des gestes nécessaires.
- Donner son avis.

Préparation organisationnelle, matérielle et spatiale de la classe

Organisation de la classe

En collectif ou en demi-groupe, les élèves pourront être assis ou debout autour d'un tapis, symbole de l'arbre à palabres, soit au coin regroupement soit dans une salle polyvalente.

Matériel

Tapis pour réunir les élèves. Se procurer le pack pédagogique « Rendez-vous sous l'arbre à tambours », Pascal Bihannic, Fuzeau, 2007.

Aménagement et/ou utilisation de l'espace

Aucun aménagement spécifique. Les élèves pourront marcher dans la salle en fonction des consignes, s'asseoir pour écouter, se lever pour reproduire.

Séance filée n° 1
Des sons, du rythme

Description de la séance

30 minutes.

Étape 1. Échauffement corporel

- Se frotter les mains, les bras, la nuque, le cou, le front, les yeux, les joues.
- Se frotter les jambes avec énergie pour « chasser les fourmis ».

Étape 2. Chercher des sons

- Assis, écouter le bruit que fait le frottement des mains. L'enseignant le fait seul dans le silence, les élèves l'imitent. Peut-on faire d'autres bruits avec les mains ? Peut-on faire des bruits avec la bouche ? Avec les pieds ?
- Attendre les propositions des élèves, les interroger tour à tour pour que tout le monde écoute et reproduise.

Étape 3. Apprentissage d'une chanson

- Le fait de marcher est une introduction au ressenti corporel du rythme et de la pulsation.
- Se déplacer dans la salle en tapant des pieds. Donner le rythme de la marche avec un tambourin : un frappé sur le tambourin = un pas.
- Donner le signal de l'arrêt en comptant 1 – 2 – 3 – 4 – STOP.
- Se déplacer dans la salle en tapant des pieds et des mains.
- 1 frappé sur le tambourin = 1 pas + 1 claquement de main.
- Donner le signal de l'arrêt en comptant 1 – 2 – 3 – 4 – STOP.

Étape 4. Dire des onomatopées

- Il est important de placer les élèves sur des mesures à quatre temps comme dit précédemment.
- Utiliser cette suite d'onomatopées :

DOUM		TCHÉ	TCHÉ	DOUM		TCHÉ	TCHÉ
1	2	3	4	1	2	3	4

- Chanter sur place.
- Chanter en marchant et en tapant dans les mains.
- À chaque fin d'exercice, donner le signal de l'arrêt en comptant 1 – 2 – 3 – 4 – STOP...
- Puis marcher et taper dans les mains en chantant :

DOUM		TCHÉ	TCHÉ	DOUM		TCHÉ	TCHÉ
1	2	3	4	1	2	3	4

- Donner le signal de l'arrêt en comptant 1 - 2 - 3 - 4 - STOP.
- Enfin, sur place, chanter :

HAM		HÉ	HO	HAM		HÉ	HO
1	2	3	4	1	2	3	4

- Ouvrir les bras sur HAM et taper dans les mains sur HÉ et HO.
- Donner le signal de l'arrêt en comptant 1 - 2 - 3 - 4 - STOP.
- Possibilité d'alterner la marche et l'arrêt en alternant les suites d'onomatopées. Entre les deux, toujours un compte de 4 pour reprendre au 1 suivant.
- Pour finir cette étape :
  - Sur place, taper des pieds le plus vite possible en criant.
  - Donner le signal de l'arrêt en comptant 1 - 2 - 3 - 4 - STOP.

Rôle de l'enseignant

- L'enseignant questionne, guette les propositions, donne la parole, exige l'écoute.
- Il commence les rythmes à la voix, au clap, ou au tambour pour que les élèves le rejoignent. Il prévoit l'arrêt en comptant la dernière mesure et habitue les élèves à s'arrêter tous ensemble sur le 1 de la mesure suivante.
- Il est exigeant : l'arrêt doit être précis ou recommencé, le rythme donné doit être respecté, sans que les élèves s'en emparent ou le travail est arrêté et repris.

Observables comme outils d'évaluation positive

Même en collectif, il est possible d'observer chacun des élèves et de savoir :
- qui écoute ;
- qui entre dans l'activité ;
- qui respecte le rythme ;
- qui dit les onomatopées.

Grâce à l'écoute globale, il est possible de savoir si tous suivent les consignes :
- d'arrêt ;
- de rythme.

Traces

Enregistrement audio ou vidéo de la séance.

Variables didactiques

Cette séance peut se faire avant de chanter ensemble. Elle peut être régulière (une fois par semaine par exemple) tout au long de l'année ou se répéter sur une période courte en enrichissant les onomatopées, les recherches de sons.

Séance filée n° 2
Jouer ensemble

Description de la séance

30 minutes.

Étape 1. Échauffement corporel

Voir la séance n° 1.

Étape 2. Coder des sons

- Assis, se rappeler des bruits faits lors de la séance précédente :
  - le frottement des mains ;
  - les différents bruits trouvés avec les mains ;
  - avec la bouche ;
  - avec les pieds.
- Une fois les bruits faits par l'enseignant et les élèves, trouver un code pour chacun d'eux et constituer une bibliothèque de sons.

Par exemple :

Étape 3. Suivre les consignes

- Se déplacer dans la salle et attendre la consigne du son à produire.
- L'enseignant demande un son tout en montrant le code.
- Il est possible de faire son par son et de donner le signal de l'arrêt en comptant 1 – 2 – 3 – 4 – STOP pour alterner silence/son.
- Progressivement, les sons s'enchaînent en donnant les consignes pendant le son précédent.

Étape 4. Coder des rythmes

Se rappeler ensuite des rythmes faits en marchant à la séance précédente et les coder. Par exemple :

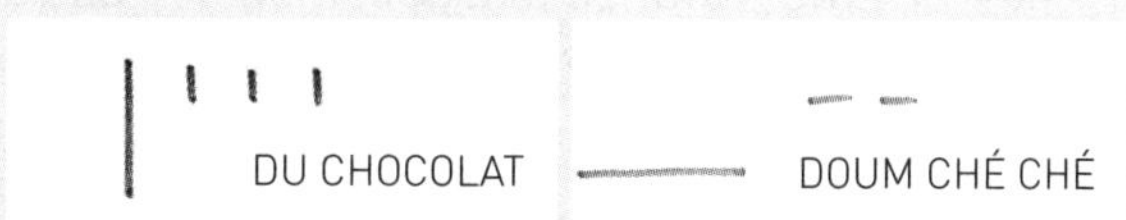

Étape 5. Suivre les consignes

• Se déplacer dans la salle et attendre la consigne du rythme à produire. L'enseignant demande un rythme tout en montrant le code. Il est possible de faire rythme par rythme et de donner le signal de l'arrêt en comptant 1 - 2 - 3 - 4 - STOP pour alterner silence/rythme.
• Puis, progressivement, les rythmes s'enchaînent en donnant les consignes pendant le rythme précédent.

Étape 6. Lire et jouer une « partition »

• Les codes « son » et « rythme » étant connus des élèves, proposer une suite de codes à jouer.
• L'enseignant affiche les codes dans l'ordre de son choix. Dans un premier temps, cette suite est expliquée par les élèves pour s'assurer de leur compréhension. Dans un second temps, tous les élèves la jouent en même temps. Pour être synchrone, l'enseignant peut compter 1 - 2 - 3 - 4 pour changer de code qu'il montre du doigt ou sur lequel il déplace un curseur.
• Par exemple :

Rôle de l'enseignant

• L'enseignant rappelle le travail fait tout au long des étapes successives.
• Il anticipe les arrêts, les changements de son ou de rythme comme dans la séance n° 1 et a les mêmes exigences.
• Il observe, donne le temps aux élèves d'observer et d'écouter, compte sur l'effet du groupe pour suivre la partition.

Observables comme outils d'évaluation positive

• Les observables de la séance n° 1.
• Respecte le code.
• Propose un code.
• Grâce à l'écoute globale, il est possible de savoir si tous suivent les consignes de changement de rythme ou de son.

Traces

Voir la séance n° 1.

Variables didactiques

Les codes « son » et « rythme » étant à la disposition des élèves, ceux-ci proposent une suite de codes à jouer pour composer eux-mêmes leur « partition », guidés par l'enseignant.

Prolongement de la séquence

Ouverture vers une autre discipline

Le travail d'écoute et de répétition rejoint les séances de phonologie avec les onomatopées comme pseudo-mots. Le fait d'utiliser son corps pour émettre des sons et produire des rythmes permet d'ouvrir ou de prolonger les séances pour découvrir le monde vivant, en maîtrisant son corps et en en nommant ses différentes parties.

Transfert de compétences

Écouter, coder, lire le code sont des compétences nécessaires à la lecture.

Séquence n° 3

Affiner son écoute

• Séance : **Les bruits autour de nous**

Description de la séquence

Objectifs du domaine d'apprentissage

- Développer :
  - la discrimination auditive ;
  - la mémoire auditive.
- Développer l'imaginaire.

Attendu de fin de cycle

Parler d'un extrait musical et exprimer son ressenti ou sa compréhension en utilisant un vocabulaire adapté.

Critères observables

- Écouter.
- Répondre aux sollicitations.

Objectifs langagiers

- Donner son avis.
- Nommer l'origine des sons entendus.
- Comprendre le champ lexical musical :
  - fort ;
  - doux ;
  - lent ;
  - rapide.
- Utiliser le champ lexical musical.

Préparation organisationnelle, matérielle et spatiale de la classe

Organisation de la classe

En collectif, les élèves pourront être assis au coin regroupement, aux tables, ou allongés sur un tapis.

Matériel

Le support sonore et le matériel nécessaire à sa lecture.

Aménagement et/ou utilisation de l'espace

Aucun aménagement spécifique.

Séance
Les bruits autour de nous

Description de la séance

20 minutes.

Étape 1. Se préparer à écouter

• Instaurer un rituel pour se préparer à l'écoute.
• Demander aux élèves, assis ou allongés, de poser un doigt sur le nez et de sentir l'air entrer et sortir lors de la respiration. Prendre ensuite le haut des oreilles entre le pouce et l'index de chaque main et masser jusqu'au lobe en déroulant l'ourlet de chaque oreille en même temps. Le faire trois fois de suite.

Étape 2. Écouter

• Demander aux élèves de fermer les yeux et de voir dans leur tête les images envoyées par ce qu'ils vont entendre. Mettre en lecture différentes pistes des bruits de nature ou d'animaux, en gardant les élèves silencieux, les yeux fermés, à l'écoute.
• Voici quelques références :
  – De nombreux CD sont à disposition dans la collection « Bruits naturels » aux éditions Oréade.
  – Guilhem Lesaffre, *Les bruits de la nature*, Rustica, 2009.

Étape 3. Échanger

• Les élèves ouvrent les yeux et s'assoient s'ils étaient allongés pour un temps d'échange.
• L'enseignant leur demande :
  – de nommer ce qu'ils ont vu dans leur tête ;
  – de caractériser le son entendu : était-il fort, doux, lent, rapide ? ;
  – d'indiquer le son que chacun a préféré et d'en donner les raisons : est-ce que ce son leur a procuré de la joie, du calme... ? ;
  – de partager également l'émotion ressentie à l'écoute de certains sons : la peur, la tristesse, la colère...

Rôle de l'enseignant

L'enseignant guide, est garant du silence, questionne, donne la parole, reformule.

Observables comme outils d'évaluation positive

Même en collectif, il est possible d'observer chacun des élèves et de savoir :

- qui écoute ;
- qui partage son avis ;
- qui utilise le vocabulaire musical spécifique ;
- qui argumente ;
- qui utilise le vocabulaire des émotions.

Traces

- Recueillir dans un cahier les photos de l'élève en position d'écoute.
- Noter ce que les élèves disent lors de l'échange.

Variables didactiques

Cette séance peut être instaurée comme un rituel, en transition entre deux activités ou pour retrouver le calme après une récréation par exemple. Des livres musicaux peuvent être mis à disposition des élèves dans la bibliothèque de la classe, et un coin écoute peut être installé.

Prolongement de la séquence

Ouverture vers une autre discipline

Les bruits proposés à entendre peuvent être le paysage sonore d'une séquence dans le domaine Explorer le monde. De plus, il est possible de travailler dans le domaine **Agir, s'exprimer, comprendre à travers les activités artistiques** en production plastique, selon ce que certains sons de la nature inspirent aux enfants. Enfin, le travail sur l'écrit avec la prise de notes de ce que les élèves disent lors de l'échange peut introduire une production d'écrits collective.

Transfert de compétences

Ces compétences d'écoute et d'interprétation sont à solliciter lors de la lecture d'albums et d'images.

6

Le spectacle vivant

Séquence : Pratiquer quelques activités du spectacle vivant 106

Séance n° 1	Je découvre l'espace sensoriel	108
Séance n° 2	Je bouge	110
Séance n° 3	Je danse avec mon doudou	112
Séance n° 4	Je danse à côté de mon doudou	115
Séance n° 5	Le cache-cache des doudous	117
Séance n° 6	Nous dansons pour nos doudous	119

Marianne Caron
Marie-Ange Wilk

Séquence

Pratiquer quelques activités du spectacle vivant

- Séance n° 1 : **Je découvre l'espace sensoriel**
- Séance n° 2 : **Je bouge**
- Séance n° 3 : **Je danse avec mon doudou**
- Séance n° 4 : **Je danse à côté de mon doudou**
- Séance n° 5 : **Le cache-cache des doudous**
- Séance n° 6 : **Nous dansons pour nos doudous**

Description de la séquence

Objectifs du domaine d'apprentissage

En relation avec le domaine Agir, s'exprimer, comprendre à travers l'activité physique :
- Découvrir à partir d'inducteurs variés (objets, espaces, musiques, consignes...) des actions motrices globales et explorer ses possibilités corporelles.
- Développer un imaginaire corporel, sensible et singulier, pour communiquer avec les autres au travers d'activités à visée expressive ou artistique.

Attendus de fin de cycle

- Construire et conserver une séquence d'actions et de déplacements, en relation avec d'autres partenaires, avec ou sans support musical.
- Proposer des solutions dans des situations de projet, de création, de résolution de problèmes, avec son corps, sa voix ou des objets sonores.

Critères observables

- Découvrir à partir d'inducteurs variés des actions motrices globales et explorer ses possibilités corporelles.
- Oser mettre en jeu son corps avec et face aux autres : en imitant ce que fait l'enseignant, un artiste ou un pair, en inventant ou en assemblant des propositions après avoir fait un choix.

- Construire et mémoriser un enchaînement d'actions.
- Prendre plaisir à s'engager corporellement dans le mouvement dansé.
- Adapter ses possibilités corporelles dans l'espace et le temps.

Devenir un spectateur actif et attentif.

Objectifs langagiers

- Échanger, s'exprimer (entre pairs, avec l'adulte et avec les spectateurs).
- Acquérir le vocabulaire corporel, spatial et topologique, le vocabulaire des objets.
- Nommer les actions sur soi et sur les autres.

Préparation organisationnelle, matérielle et spatiale de la classe

Organisation de la classe

Les séances sont réalisées avec le groupe classe dans la salle de motricité.

Matériel

Lecteur CD, extraits musicaux choisis, matériel d'EPS pour délimiter l'espace de danse au sol (cordes, bancs...).

Aménagement et/ou utilisation de l'espace

L'espace sensoriel sonore, puis tactile, est conçu pour répondre aux besoins du jeune enfant de s'éveiller, d'agir et de découvrir le monde à travers l'expérience de sensations nouvelles.

En salle de motricité, selon le nombre d'enfants, il peut être préférable, au troisième trimestre, de faire travailler la moitié de la classe, pendant que les autres enfants observent, de manière à permettre une meilleure utilisation de l'espace.

Séance n° 1
Je découvre l'espace sensoriel

Description de la séance

10 minutes.

Le matériel pour l'espace sensoriel :

• Objets sonores à manipuler : instruments fabriqués en classe (par exemple, tubes sensoriels fabriqués avec des tubes en plastique remplis de grelots, de clous...) ; instrumentarium
• Boîte du « silence » (vide)
• Tapis sonores, lotos sonores, Memory sonores
• Espace écoute avec CD (sonothèques) et casques audio
• Affiches et illustrations d'instruments de musique

Étape 1. Explorer, manipuler librement.

L'espace est installé de cette façon pour une période ; au plus près de quelques enfants, l'enseignant sollicite leur attention, les guide dans la découverte, l'exploration et la manipulation des objets sonores.

Étape 2. Jouer et échanger.

• Distribuer à chaque enfant un objet sonore différent.
• Demander de trouver plusieurs façons d'émettre des sons ave le même objet sonore : pour cela, donner des verbes d'action (frapper, frotter, appuyer...).
• Faire prendre conscience à l'enfant qu'un son est associé à un geste spécifique en visionnant des vidéos de musiciens.
• Faire le rapprochement avec les instruments de la classe : pour chacun d'eux, chercher le geste correspondant.
• Demander à chaque enfant de proposer ses trouvailles à la classe.

Rôle de l'enseignant

• Mettre en place toutes les conditions favorables au développement des aptitudes sensorielles : séances de courte durée, qui se répètent régulièrement et s'effectuent dans le calme (par exemple à l'accueil ou après la sieste).
• Veiller à la variété des sonorités et des modes de jeu (frapper, gratter, secouer, souffler...).
• Aider les enfants à prendre conscience progressivement du monde sonore qui les entoure, et à s'approprier ce monde dans une démarche active.
• Les aider à acquérir des premiers repères musicaux (correspondance geste/son).

Observables comme outils d'évaluation positive

L'enseignant observe chacun de ses élèves et sait qui :
- s'engage spontanément dans l'exploration libre des objets sonores ;
- parle en petit groupe ;
- nomme des objets, des actions, des gestes ;
- fait le lien entre le geste et le son.

Traces

Des porte-vues renfermant des collections d'images d'objets sonores sont à disposition des élèves dans l'espace sensoriel. Des enregistrements sonores des productions réalisées permettent de proposer des jeux de reconnaissance sonore (Kim sonore).

Variables didactiques

- Mettre à disposition quelques objets et matériaux, puis augmenter petit à petit leur nombre.
- Élargir la palette des mouvements utilisés : agiter, caresser, froisser, renverser...
- Cet espace sensoriel sonore évolue et se transforme, au fil du projet, en espace d'exploration tactile qui proposera :
  - des matières : poudres, graines, sables, plumes, tissus, coton, laine, papiers de textures variées ;
  - des boîtes à toucher, sacs à toucher, albums à toucher (contenant des objets de formes, tailles et propriétés différentes) ;
  - des panneaux tactiles avec différents reliefs et matériaux ;
  - des parcours pieds nus (parcours sensoriel composé de matériaux doux, lisses et rugueux, en classe et en salle de motricité).
- Pour mieux ressentir ce qui entre en contact avec la peau (séances nos 5 et 6), on proposera de :
  - explorer tactilement des objets, matières et matériaux avec la paume ou avec le dos de la main ;
  - les toucher avec les mains sans les voir, dans des boîtes, sacs, chaussettes... ;
  - les toucher avec les pieds.
- Pour utiliser les doudous apportés par les enfants comme supports d'action et de création chorégraphique, on stimulera leur imaginaire avec :
  - des jeux de reconnaissance tactile du doudou (Kim du toucher) ;
  - l'exploration des qualités physiques du doudou : caractériser et classer les matières pour rassembler celles qui évoquent les qualités tactiles des doudous (chasse au « doux »), et créer avec les matières trouvées « un cocon qui ressemble à mon doudou et dans lequel je vais me lover ».

Séance n° 2
Je bouge

Description de la séance

15 à 20 minutes.

Le matériel :

- Objets pour délimiter l'espace au sol (cordes, bancs...)
- Un lecteur CD
- Extraits musicaux au choix

Étape 1. Commencer à maîtriser ses gestes.

- **Rituel d'entrée** (réveiller le corps, prendre place dans le groupe) :
  ➜ Investir l'espace aménagé en respectant les consignes données par l'enseignant : par exemple, « Réveillez, en les nommant, toutes les parties du corps (masser, tapoter, effleurer, frotter). »
- Les élèves sont dispersés dans la salle de motricité.
- Inviter les enfants à se déplacer, à « danser partout », en écoutant la musique. Énoncer cette consigne régulièrement.
- Variante : Si les élèves n'utilisent pas tout l'espace de danse, installer des disques ronds au sol et ajouter une consigne supplémentaire : se déplacer dans tout l'espace de la salle en passant sur chaque objet placé au sol. Ne pas hésiter à faire des arrêts pour observer la place de chacun, les espaces vides.
- Laisser le temps aux enfants de faire leurs recherches, de s'observer et d'imiter, de varier leurs propositions.
- Repérer l'action, l'attitude adoptée par certains ; la faire observer par l'ensemble du groupe pour la reprendre.
- Proposer une musique connue, puis privilégier des musiques aux rythmes bien marqués, réguliers et répétitifs. Ces déplacements libres peuvent aussi s'effectuer sur des rythmes très simples joués par l'enseignant avec un tambourin ou des claves.
- Proposition de support sonore : Sergeï Prokofiev, *Marche de l'amour des trois oranges*.

Étape 2. Adapter ses mouvements à un rythme musical.

- Expérimenter la vitesse (tempo) : suivre en marchant une pulsation donnée par l'enseignant qui frappe soit dans ses mains soit sur un tambourin. Arrêt quand le frappé s'arrête. Reprendre la marche après modification de la vitesse (lent/rapide).
- Présenter la règle du jeu des statues : se déplacer librement au son de la musique et, dès que celle-ci s'arrête, s'immobiliser à l'endroit où l'on se trouve.
- Afin d'inciter, petit à petit et d'une façon ludique, les enfants à adapter leurs mouvements aux différents rythmes proposés, demander que les « statues » courent ou marchent comme la musique l'indique (rapide/lent).

• Dès que les enfants réussissent à s'immobiliser, modifier les interruptions en proposant de « faire quelque chose quand la musique s'arrête ».
• Repérer l'action, la posture adoptée par certains. La faire observer par l'ensemble du groupe et proposer de la réaliser tous ensemble.
• Proposer d'autres postures : s'asseoir, se mettre en boule, s'allonger sur le dos...
• Proposition de support sonore : Guem et Zaka, *Best of Percussion* (par exemple morceau n° 2).
• **Rituel de fin** (s'apaiser et se reconnecter avec l'extérieur). Il est important de terminer chaque séance avec des jeux qui vont permettre de retrouver un calme intérieur et un certain état de disponibilité pour les activités à venir :
  - Le visage : caresser son visage librement puis indiquer les mouvements en les expliquant à voix basse et en les exécutant : « Avec un doigt, je fais le tour de ma bouche ; je tourne autour de mes yeux ; je ferme mes paupières, j'appuie doucement sur mes yeux fermés ; j'appuie sur mon nez ; je le pince ; je suis le dessin de mes oreilles. Avec ma main, je me caresse le cou (de haut en bas puis de bas en haut). »
  - Musique douce : allongé sur le dos, les yeux fermés, on écoute la musique. Vérifier que chaque enfant est relâché. Consigne : « être tout mou ».

Rôle de l'enseignant

• Laisser aux enfants le temps de rechercher, d'expérimenter. Les mettre en confiance en s'engageant avec eux dans l'action pour partager le plaisir de l'activité ; pour solliciter, entraîner, encourager certains enfants. Utiliser les verbes d'action, le vocabulaire corporel, les supports de l'imaginaire. Proposer d'expérimenter les propositions des autres pour s'approprier par l'action leurs façons de faire. Mettre en œuvre sa démarche de manière très progressive, afin d'enrichir, de séance en séance, les compétences des enfants.

Observables comme outils d'évaluation positive

L'enseignant observe chacun de ses élèves et sait :
• qui prend plaisir à bouger ;
• qui adapte ses mouvements à un rythme musical ;
• qui s'immobilise à l'arrêt de la musique ;
• qui utilise le vocabulaire corporel, spatial et topologique ;
• qui a plaisir et intérêt à observer les déplacements des autres.

Traces

Les dessins et traces photographiques conservés dans le cahier culturel/cahier de vie participent à construire des repères d'apprentissage pour l'enfant, et permettent de recueillir ses ressentis personnels, sous forme de dictée à l'adulte.

Variables didactiques

Renouveler cette séance en choisissant des extraits musicaux favorisant l'envie de bouger puis, progressivement, s'orienter vers des rythmes plus lents, complexes, moins répétitifs.

Photographie : Marianne Caron, école maternelle Jean-Claude Casadesus (Hulluch).

Séance n° 3
Je danse avec mon doudou

« Objet important pour rassurer certains élèves confrontés à la séparation et à une situation sociale inédite, le doudou apparaît très fréquemment dans la classe lors des premiers mois de la première année de scolarisation (toute petite ou petite section selon les enfants), puis l'objet est progressivement écarté[1]. »

Description de la séance

Entrer dans la thématique en proposant des œuvres de littérature jeunesse qui seront source d'inspiration. Par exemple :
• Stéphane Servant, *Nos beaux doudous*, Didier Jeunesse, Paris, 2013.
• Édouard Manceau, Élise Ortiou Campion, *Monsieur Carotte*, Actes Sud Junior, Arles, 2013.

20 minutes.

Le matériel :

• Le doudou de chaque enfant ou une peluche de la maison/de la classe
• Un lecteur CD, extraits musicaux au choix

Étape 1. **Découvrir des actions motrices.**

• Rappeler le contenu de la séance précédente.
• Rituel d'entrée (réveiller le corps, prendre place dans le groupe).
• Les élèves sont dispersés dans la salle de motricité.
• Consigne : « Que peut-on faire avec son doudou ? »
• Laisser le temps aux enfants de faire leurs recherches, de s'observer et d'imiter, de varier leurs propositions.
• Repérer l'action, l'attitude adoptée par certains ; la faire observer par l'ensemble du groupe pour la reprendre (lancer, rattraper, traîner...).

Étape 2. **Explorer ses possibilités corporelles.**

• Consigne : « Danse avec ton doudou. »
• Seul, sur place.

1 Ressources maternelle, « La scolarisation des enfants de moins de 3 ans – Une rentrée réussie », http://eduscol.education.fr/ressources-maternelle

- Varier les mouvements du corps :
  - debout : sur un pied, sur deux pieds, sur les pointes, sur les talons, à plat ;
  - à genoux : dressé, assis talons, en boule ;
  - assis : jambes tendues, fléchies, en tailleur ;
  - allongé : sur le dos, le ventre, le côté ;
  - en réalisant des actions différentes : balancer, tourner, sauter, descendre au sol... ;
  - en faisant de grands gestes, en faisant de petits gestes.
- Varier les mouvements avec son doudou :
  - en le berçant, en le serrant, en le câlinant, en le caressant ;
  - en tenant, en portant le doudou de différentes façons : une main, deux mains, sur la tête, au-dessus de la tête, sur l'épaule, sous le bras, contre le ventre, sur le dos, sur un pied, sur une cuisse... ;
  - en le faisant glisser au sol, contre son corps ;
  - en le faisant rouler sur soi ;
  - en le faisant tourner devant soi, autour de soi, au-dessus de sa tête, sur le sol... ;
  - en le lançant, en le rattrapant.
- Seul, en déplacement.
- Varier les mouvements dans l'espace :
  - se déplacer debout : un pied, deux pieds, marche, saut, sautillés, galop ;
  - se déplacer à genoux : un après l'autre, à quatre pattes ;
  - se déplacer allongé : ramper ;
  - se déplacer : en avant, en arrière, sur le côté.
- Varier les mouvements avec son doudou :
  - en faisant rouler son doudou au sol ;
  - en le traînant.
- Varier la vitesse des mouvements : danser lentement/rapidement.
- Varier la dynamique des mouvements : danser doucement/fortement.
- Proposition de supports sonores :
  - Frédéric Chopin, *Nocturne Op. 9 n° 2* (musique douce).
  - Richard Wagner, *La chevauchée des Walkyries* (musique forte).
  - Erik Satie, *Gymnopédie n° 1* (musique lente).
  - Musique du film *La La Land* : *Another Day of Sun* (musique rapide).

Étape 3. **Enrichir.**

• Choisir deux actions : un mouvement sur place et un déplacement (par exemple bercer et se déplacer en marchant). Consigne : « Cherche toutes les façons de danser en berçant ton doudou ; puis de danser en marchant avec ton doudou. »
• Proposer une musique qui suscite un mouvement ralenti, doux, puis une musique qui invite à marcher.
• Temps d'appropriation individuelle.
• Temps d'observation : par groupe, les enfants montrent aux autres leurs propositions. Chaque enfant, dans son groupe, exprime corporellement les deux actions à sa façon.

Étape 4. **Structurer.**

• Réaliser un enchaînement de deux phases de danse « bercer-marcher » : un mouvement dansé sur place et un déplacement, le répéter plusieurs fois.

• Départ au début de la musique (rythme lent) ; changement d'action au moment où le rythme musical change.
• Un rythme musical permettra d'aider à construire la phrase dansée, en suivant la musique : une musique lente permet aux enfants d'exprimer le fait de bercer, un passage plus rapide permet d'exprimer l'action de marcher.
• Proposition de support sonore : Björk, *It's oh so quiet*.
• Rôle de spectateur : Repérer les deux actions : un mouvement sur place et un déplacement.
• **Rituel de fin** (s'apaiser et se reconnecter avec l'extérieur).

Rôle de l'enseignant

• Voir la séance n° 2.
• Aider les enfants qui ont des difficultés à s'approprier un mouvement, une posture (donner la main).
• Ne pas faire durer trop longtemps les phases de découverte (10 minutes maximum), mais les renouveler plusieurs fois, en amorce des autres étapes.
• Mettre les réponses des enfants en relation avec les variables didactiques (temps, espace...).

Observables comme outils d'évaluation positive

• Les observables de la séance n° 2.
• Prend plaisir à danser avec son doudou.
• Mémorise une courte série de gestes, de vitesses, pour construire et conserver une séquence d'actions et de déplacements, avec support musical.
• Repère les deux actions en tant que spectateur.

Traces

Voir la séance n° 2.

Variables didactiques

Explorer les actions motrices et les qualités de mouvements à partir d'inducteurs variés, de tailles et de formes différentes :
• gros cartons, chaises, ballons... qui induisent des engagements corporels variés ou des modalités d'actions plurielles ;
• foulards, ballons de baudruche, plumes... qui développent des qualités de mouvements variées et des actions diverses.

Séance n° 4
Je danse à côté de mon doudou

Description de la séance

15 à 20 minutes.

Le matériel :

- Le doudou de chaque enfant ou une peluche de la maison/de la classe
- Un cerceau par enfant
- Un lecteur CD, extraits musicaux au choix

Étape 1. **Réinvestir.**

- Rappeler le contenu de la séance précédente.
- **Rituel d'entrée** (réveiller le corps, prendre place dans le groupe).
- Proposer de poser son doudou dans un cerceau. Consigne : « Aujourd'hui, on va danser avec son doudou dans le cerceau : on va bercer, marcher, mais cette fois sans toucher le doudou. »
- Laisser le temps aux enfants de s'approprier la consigne (bercer sur place, marcher autour du cerceau), et de varier les propositions.
- Inciter à diversifier les mouvements du corps et les mouvements dans l'espace (haut, bas), à affiner les actions motrices ; les verbaliser collectivement.
- Temps d'observation : par groupe, les enfants montrent aux autres leurs propositions. Chaque enfant, dans son groupe, exprime corporellement les deux actions à sa façon.
- Proposer de rechercher une action de danse éloignée du doudou (par exemple se déplacer debout en montant les genoux, accroupi, à quatre pattes, sur la pointe des pieds, en sautillant...).

Étape 2. **Structurer.**

- Réaliser un enchaînement de trois phases de danse incluant la proximité et l'éloignement du doudou : un mouvement dansé sur place, un déplacement à proximité et un déplacement éloigné, et le répéter plusieurs fois. Par exemple bercer accroupi, marcher en balançant les bras en haut, en bas, et se déplacer en sautillant.
- Proposition de support sonore : *Le Seigneur des anneaux I* : « Concerning Hobbits ».
- Rôle de spectateur : repérer les trois actions.
- **Rituel de fin** (s'apaiser et se reconnecter avec l'extérieur).

Rôle de l'enseignant

Voir les séances n°s 2 et 3.

Observables comme outils d'évaluation positive

- Les observables de la séance n° 3.
- Repère les trois actions en tant que spectateur.
- Alterne les phases de danse incluant la proximité et l'éloignement du doudou.

Traces

Voir la séance n° 2.

Séance n° 5
Le cache-cache des doudous

« Certaines actions, telles que apparaître/disparaître, se cacher, sont des actions ludiques, fortement symboliques, intéressantes à solliciter pour créer des jeux chorégraphiques. Cela permet d'aborder des problématiques sensibles de cet âge, telles que «la permanence de l'objet», la séparation, l'absence (on me voit/on ne me voit plus, je suis caché mais toujours là)[1]. »

Description de la séance

Entrer dans la thématique en proposant des œuvres de littérature jeunesse qui seront source d'inspiration. Suggestion : Tomoko Ohmura, *Le cache-cache des animaux*, L'École des loisirs, Paris, 2018.

20 minutes.

Le matériel :

- Le doudou de chaque enfant ou une peluche de la maison/de la classe
- Voiles, draps, tissus rangés dans des grands cartons, tapis, bancs, chaises, caissettes, bâtons…
- Une boîte par doudou

Étape 1. Explorer.

- Rappeler le contenu de la séance précédente.
- **Rituel d'entrée** (réveiller le corps, prendre place dans le groupe).
- Proposer de vider les cartons, de jouer avec les tissus.
- Laisser le temps aux enfants de faire leurs recherches, de s'observer et d'imiter, de varier leurs propositions (ils évoluent seuls ou en petit groupe suivant le nombre et la taille des tissus).
- Exploiter les actions observées (étaler les tissus sur le sol, les rouler, s'enrouler…).
- Repérer les enfants qui essaient de se cacher pour faire émerger la notion d'apparaître/disparaître : faire observer l'attitude adoptée par certains, pour la faire reprendre par l'ensemble du groupe.

1 Ressources maternelle, « Agir, s'exprimer, comprendre à travers l'activité physique », objectif 3 : Communiquer avec les autres au travers d'actions à visée expressive ou artistique, http://eduscol.education.fr/ressources-maternelle

Étape 2. Se cacher.

• Proposer d'utiliser tout le matériel pour construire des cachettes pour se cacher avec son doudou.
• Par demi-classe, explorer les cachettes, puis se cacher avec son doudou.
• Rôle d'observateur : l'autre demi-classe se déplace pour vérifier que chacun est bien caché.

Étape 3. Jouer à cache-cache.

• Aménager ensemble l'espace avec des cachettes.
• Proposer d'apprendre à jouer à cache-cache avec son doudou. Demander aux enfants de nommer et présenter les doudous (une quinzaine pour chaque partie).
• Expliquer la règle du jeu : pendant qu'un groupe d'élèves va compter jusqu'à 10 avec l'ATSEM à l'extérieur de la salle, le second groupe cache les doudous. Le décompte terminé, le groupe va devoir chercher et retrouver tous les doudous en les replaçant à chaque fois dans leur boîte, afin de savoir s'il reste encore des doudous à trouver. Pour réussir le jeu, il faut les retrouver tous.

Étape 4. Cacher son doudou.

• Les enfants promènent leur doudou tenu ou posé sur une partie du corps désignée par l'enseignant. Au signal, ils cachent le doudou avec leur corps.
• Parmi les réponses trouvées :
  - debout (le doudou est dans ou sous un bras, entre les cuisses ou les genoux, sur le ventre mains devant et buste penché) ;
  - accroupi ou à quatre pattes (sous les fesses, en protégeant son doudou avec son buste, ses bras) ;
  - allongé sur le ventre ou sur le dos (sur le doudou au sol).
• Rôle d'observateur : observer les réponses des camarades.

Rôle de l'enseignant

• Voir la séance n° 2.
• Faire respecter les règles du jeu.
• Réguler les comportements des enfants.

Observables comme outils d'évaluation positive

L'enseignant observe chacun de ses élèves et sait :
• qui prend plaisir à se cacher, cacher son doudou ;
• qui se repère dans l'espace aménagé avec des cachettes ;
• qui utilise le vocabulaire corporel, spatial et topologique ;
• qui cherche et retrouve des doudous.

Traces

Voir la séance n° 2.

Variables didactiques

• Varier le temps laissé aux enfants pour se cacher, cacher les doudous.
• Chaque enfant doit rapporter le doudou identifié sur la photo donnée par l'enseignant.

Séance n°6 Nous dansons pour nos doudous

Description de la séance

20 minutes.

Le matériel :

• Le doudou de chaque enfant ou une peluche de la maison/de la classe
• Objets de texture douce explorés en séances nos 1 et 5 : foulards, voiles, voilages, tissus…
• Une chaise par doudou
• Lecteur CD, extraits musicaux au choix

Étape 1. Expérimenter, diversifier.

• **Rituel d'entrée** (réveiller le corps, prendre place dans le groupe).
• « Nous allons préparer une surprise pour nos doudous : nous allons inventer une danse que nous leur présenterons. »
• Consigne de départ : « Pour danser, tu vas remplacer ton doudou par un objet qui te fait penser à lui. »
• Les élèves choisissent un objet et se dispersent dans la salle de motricité.
• Laisser le temps aux enfants de faire leurs recherches, de réinvestir les modes d'action découverts dans les séances précédentes, de découvrir les propriétés de l'objet dans l'espace (par exemple légèreté et douceur du voilage qui tombe au sol).
• Réaliser des pauses afin de verbaliser collectivement les découvertes et ne pas hésiter à établir des dialogues avec les enfants pendant leurs actions.
• Proposition de support sonore : Camille Saint-Saëns, *Le Carnaval des Animaux*, *Le Cygne*.

Étape 2. Réinvestir.

• Consigne : « Nous allons créer une danse pour nos doudous, en berçant, en marchant, et en jouant à cache-cache avec notre objet. »
• Laisser le temps aux enfants de s'approprier la consigne et de varier les propositions.
• Inciter à s'observer, imiter, diversifier les mouvements du corps et les mouvements dans l'espace, à affiner les actions motrices ; les verbaliser collectivement.
• Temps d'observation : par groupe, les enfants montrent aux autres leurs propositions. Chaque enfant, dans son groupe, exprime corporellement les trois actions à sa façon.

- Exemples de propositions :
  - bercer sur place, debout, assis, accroupi, en se cachant sous l'objet ou en le cachant ;
  - mêmes actions avec déplacement ;
  - marcher en se cachant sous l'objet ou en le cachant, en le balançant, en le traînant, en le faisant voler au-dessus de la tête, au niveau du sol, en sautillant.

Étape 3. Structurer.

- « Aujourd'hui, nous allons danser pour nos doudous. » Proposer aux enfants d'installer les doudous sur une chaise pour qu'ils soient spectateurs de la danse.
- Réaliser un enchaînement de deux phases de danse incluant trois actions qui se répéteront plusieurs fois, en alternance, sur une musique très repérable.
- Bercer/(se) cacher (avec) l'objet ; marcher/(se) cacher (avec) l'objet ; un mouvement dansé sur place et un déplacement.
- Les doudous félicitent les enfants par des applaudissements (diffuser des bruitages d'applaudissements).
- Proposition de support sonore : *Lost in Paradise, Come Along.*
- Rôle de spectateur : repérer les trois actions.
- **Rituel de fin** (s'apaiser et se reconnecter avec l'extérieur).

Rôle de l'enseignant

Voir la séance n° 2.

Observables comme outils d'évaluation positive

- Observables de la séance n° 4.
- Se repère dans le temps (vitesse, phrases musicales), dans l'espace et parmi les autres.
- Tient compte de la place des doudous spectateurs.

Traces

Une vidéo des situations chorégraphiques associées les unes aux autres peut être déposée sur l'espace numérique de travail de l'école ; elle sera accompagnée d'un texte d'explication et de photos pour aider les parents à apprécier le chemin parcouru au cours de cette aventure de création chorégraphique.

Variables didactiques

- Explorer différents déplacements dans l'espace :
  - en ligne droite ;
  - en ligne courbe...
- Explorer d'autres possibilités corporelles :
  - ➜ Avec un autre enfant :
    - face à face, côte à côte, dos à dos, sans se tenir... ;
    - en se tenant une main, deux mains, le bras, la taille, l'épaule...
  - ➜ Avec d'autres enfants :
    - en ligne de dos ou de face, un dos/une face ;
    - dos à dos, face à face ;
    - en farandole, en ronde...

Pour nourrir, prolonger et préparer ces séances, on peut également présenter des extraits d'œuvres chorégraphiques via la vidéothèque en ligne : www.numeridanse.tv

PARTIE 4

Construire les premiers outils pour structurer sa pensée

7 Découvrir les nombres et leurs utilisations

Séquence 1 : Créer le besoin du nombre 125

Séquence 2 : Manipuler de très petites collections : 1, 2, 3 éléments 132

8 Explorer des formes, des grandeurs, des suites organisées

Séquence 1 : Explorer les solides 141

Séquence 2 : Explorer les longueurs 149

Découvrir les nombres et leurs utilisations.
Programmation annuelle. TPS/PS

<table>
<tr><th>Objectifs et éléments de progressivité</th><th>Période 1</th><th>Période 2</th><th>Période 3</th><th>Période 4</th><th>Période 5</th></tr>
<tr><td colspan="6">Construire le nombre pour exprimer des quantités
Évaluer et comparer des collections d'objets avec des procédures non numériques
Mobiliser des symboles analogiques, verbaux ou écrits, conventionnels ou non conventionnels pour communiquer des informations orales et écrites sur une quantité
Avoir compris que le cardinal (ici la quantité) ne change pas si on modifie la disposition spatiale ou la nature des éléments</td></tr>
<tr><td>Estimer des quantités*</td><td colspan="2">beaucoup/pas beaucoup</td><td>trop/pas assez</td><td colspan="2">plus que, moins que, autant</td></tr>
<tr><td colspan="6">Construire une collection équipotente à une autre (1 à 3 éléments)*
Comparer les quantités de deux collections (de 1 jusqu'à 3 éléments) pour trouver celles qui sont équipotentes*</td></tr>
<tr><td rowspan="4">Pour déterminer celles qui ont plus ou moins d'éléments qu'une collection donnée*</td><td colspan="5">Par une perception globale des quantités (disposées de même façon, différemment)</td></tr>
<tr><td></td><td colspan="4">Par une correspondance terme à terme</td></tr>
<tr><td colspan="2"></td><td colspan="3">Par construction de collections témoins (doigts, dés, objets…)</td></tr>
<tr><td colspan="2">pareil, pas pareil</td><td colspan="3">désigner la plus grande, la plus petite</td></tr>
<tr><td colspan="6">Stabiliser la connaissance des petits nombres
Réaliser une collection dont le cardinal est donné
Utiliser le dénombrement pour comparer deux quantités, pour constituer une collection d'une taille donnée ou pour réaliser une collection de quantité égale à la collection proposée
Avoir compris que le cardinal ne change pas si on modifie la disposition spatiale ou la nature des éléments</td></tr>
<tr><td rowspan="3">Réaliser une collection de même quantité qu'une collection donnée (de 1 jusqu'à 3 éléments)*</td><td colspan="2">En disposant de la même façon</td><td colspan="3"></td></tr>
<tr><td colspan="2">Par la perception globale des quantités</td><td colspan="3"></td></tr>
<tr><td></td><td colspan="2">Par correspondance terme à terme</td><td colspan="2"></td></tr>
<tr><td rowspan="2">Réaliser, reconnaître une collection d'objets dont la quantité est donnée oralement (jusqu'à 3)*, indiquer oralement la quantité d'une collection donnée par une perception globale des quantités*</td><td colspan="2">Montrer la collection correspondante.</td><td colspan="3">Prendre, donner la quantité demandée d'éléments</td></tr>
<tr><td></td><td colspan="2">Constituer une collection en utilisant le comptage</td><td colspan="2">Dire la quantité d'objets présents</td></tr>
<tr><td colspan="6">Compléter une collection</td></tr>
<tr><td colspan="6">Mobiliser des symboles analogiques, verbaux ou écrits, conventionnels ou non conventionnels pour communiquer des informations orales et écrites sur une quantité</td></tr>
<tr><td colspan="6">Reconnaître les doigts de la main*, les constellations*, les chiffres de 1 à 3</td></tr>
<tr><td colspan="6"></td></tr>
</table>

Suite du tableau page suivante

Objectifs et éléments de progressivité	Période 1	Période 2	Période 3	Période 4	Période 5
Quantifier des collections jusqu'à dix au moins ; les composer et les décomposer par manipulations effectives puis mentales. Parler des nombres à l'aide de leur décomposition					
Associer chiffre/mot nombre, représentation figurée à quantité dénombrée : contellations de dés, configurations de doigts, cartes à points 1 à 3 ou plus **Énumérer, utiliser le dernier mot-nombre pour exprimer la quantité (mémoire de la quantité)** **Composer et décomposer des petites quantités 1 à 3 ou plus***	Dire le mot-nombre correspondant au cardinal d'une collection proposée D'une collection précédemment dénombrée à laquelle on ajoute un élément Matérialiser la décomposition avec les doigts de la main, des objets Verbaliser la décomposition du nombre				
Dire la suite des nombres jusqu'à 30. Lire les nombres écrits en chiffres jusqu'à dix.	Suite orale des mots-nombres jusqu'à 5 ou 6 Jeux de doigts Comptines numériques simples Livres à compter				

Indépendamment ou en complément des compétences transversales, certaines d'entre elles sont à mobiliser prioritairement durant des périodes spécifiques. Rien n'empêche toutefois de les anticiper voire de les poursuivre.

*Points développés dans l'ouvrage dans le cadre de séances.

Explorer des formes, des grandeurs, des suites organisées. Programmation annuelle. TPS/PS

Objectifs et éléments de progressivité	Période 1	Période 2	Période 3	Période 4	Période 5
Classer des objets en fonction de caractéristiques liées à leur forme					
3 étapes :	se faire une image mentale	classer	toucher		
Savoir nommer quelques formes planes (carré, triangle, cercle ou disque, rectangle) et					
			le cercle, le disque	le triangle	
Reconnaître quelques solides (cube, pyramide, boule, cylindre)					
3 étapes (la boule/le cylindre)		se faire une image mentale - classer - toucher*			
Classer ou ranger des objets selon un critère de longueur ou de masse ou de contenance					
3 étapes :			construire - comparer - ranger*		
Reproduire un assemblage à partir d'un modèle (puzzle, pavage, assemblage de solides)					
	assemblage de solides		pavages	puzzles	
Reproduire, dessiner des formes planes					
	reproduire des formes planes		dessiner des formes planes		
Identifier le principe d'organisation d'un algorithme et poursuivre son application					
	poursuivre un algorithme simple		créer un algorithme simple	poursuivre un algorithme plus complexe	

Indépendamment ou en complément des compétences transversales, certaines d'entre elles sont à mobiliser prioritairement durant des périodes spécifiques. Rien n'empêche toutefois de les anticiper voire de les poursuivre.

*Points développés dans l'ouvrage dans le cadre de séances.

7

Découvrir les nombres et leurs utilisations

Séquence 1 : Créer le besoin du nombre 125

Séance n° 1 Les ours et les lits 127

Séance n° 2 Les assiettes 129

Séquence 2 : Manipuler de très petites collections : 1, 2, 3 éléments 132

Séance n° 1 La chasse aux objets 134

Séance n° 2 Les poissons malades 135

Séance n° 3 Les courses 137

Martine Pawlak

Séquence n° 1

Créer le besoin du nombre

- Séance n° 1 : **Les ours et les lits**
- Séance n° 2 : **Les assiettes**

Description de la séquence

Objectifs du domaine d'apprentissage

• Reconnaître une collection de même quantité qu'une collection donnée (inférieure ou égale à deux pour les TPS, à trois pour les PS).
• Séance n° 1 : par correspondance terme à terme ou par une perception globale des quantités.
• Séance n° 2 : par une perception globale des quantités ou par la reproduction de la disposition des éléments ou par correspondance terme à terme.

Attendus de fin de cycle

• Évaluer et comparer des collections d'objets avec des procédures numériques ou non numériques.
• Avoir compris que le cardinal ne change pas si on modifie la disposition spatiale ou la nature des éléments.

Critères observables

• Utiliser différentes procédures pour comparer par estimation visuelle (quantités nettement différentes), par image mentale (très petites collections), par correspondance terme à terme.
• Reconnaître des constellations, collections de doigts.
• Comprendre et utiliser à bon escient « beaucoup », « pas beaucoup », « pareil », « pas pareil », « un peu », « assez », « pas assez », « trop ».

Objectifs langagiers

• Comprendre l'expression « juste ce qu'il faut ».
• Syntaxe : exprimer par le vocabulaire adapté le résultat de la comparaison : « il y a trop de », « il manque encore », « il n'y en a pas assez ». Former des phrases avec « parce que ».
• Lexique : utiliser les termes « trop », « pas assez », « il en manque », « il reste ».

Préparation organisationnelle, matérielle et spatiale de la classe

Séance n° 1

Organisation de la classe/Aménagement de l'espace
Salle de classe, un atelier de quatre enfants.

Matériel

Par enfant : une boîte contenant une dizaine d'ours[1] en plastique (étape 1), trois cartes avec une collection d'un à trois petits cartons représentant des lits où les ours seront posés, pour l'étape 2, trois boîtes contenant d'un à trois ours (PS), un à deux ours (TPS), fixés avec de la pâte.

Séance n° 2

Organisation de la classe/Aménagement de l'espace
Salle de classe : espace cuisine, un atelier de quatre enfants.
Deux espaces : la table de cuisine pour les assiettes préparées (le restaurant), une table sur laquelle les enfants poseront leur assiette.

Matériel

Des assiettes, des aliments en plastique[2].

Des photographies d'assiettes composées d'un à trois aliments (fruits et aliments variés).

Des assiettes sur lesquelles sont placées de grandes gommettes rondes de façon organisées et désorganisées.

Des cartes constellations 1 à 3 (organisées et désorganisées).

---

1. Ours de tri Nathan.

Séance n° 1
Les ours et les lits

Description de la séance

20 minutes.

Étape 1. Activités d'appropriation de l'élève avec le sens de la tâche Manipulation.

• Présentation de la situation : « Voici des lits et des ours. Les ours sont fatigués, ils veulent se coucher : il faut mettre un ours dans chaque lit. »
Chaque enfant reçoit trois cartes (d'un à trois lits) et une boîte contenant des ours.
• L'enseignant vérifie la compréhension de la consigne : il demande aux enfants de montrer où poser les ours.
• Validation individuelle et collective de l'activité : chaque lit est occupé par un ours, comparaison des cartes lits.

Étape 2. Activités de recherche individuelle. Manipulation.

• TPS : Des boîtes contenant un à deux ours sont disposées devant chaque enfant.
• PS : Des boîtes d'un à trois ours sont posées sur une table éloignée.
• Distribution d'une carte lit.
• Consigne : « Va chercher une boîte où il y a juste ce qu'il faut d'ours pour les placer dans leur lit. Il faut un ours pour un lit, pas d'ours en trop. »
Procédures attendues : reconnaissance visuelle (TPS, PS), correspondance terme à terme en déplaçant les ours (TPS), utilisation des doigts pour réaliser une correspondance terme à terme entre les lits et les ours (PS).
• Échange oral individuel :
  – Vérification : « Est-ce que chaque lit a son ours ? Est-ce qu'il reste des lits sans ours ? »
  – Verbalisation de la quantité d'ours sur la carte (PS) : « Il fallait prendre un ours car il y a un lit sur la carte. »

Étape 3. Activité de structuration.

• Reproduction de cette situation plusieurs fois en proposant les cartes 1 à 3 lits.
• Verbalisation par chaque enfant de la quantité d'ours qu'il faut prendre : deux ours (« un et encore un car il y a deux lits : un et encore un »).

Étape 4. Activité de consolidation.

Même situation mais en proposant des cartes avec des lits placés de façon désorganisée.

Rôle de l'enseignant

• Faire expliciter chaque erreur : « Pourquoi reste-t-il des ours ? Pourquoi n'y a-t-il pas assez d'ours ? »
• Faire verbaliser la quantité d'ours à prendre.
• Accompagner l'enfant : l'aider à mettre des mots sur sa procédure, à aller au bout de sa démarche, à valider son travail.
• Proposer des aides selon les difficultés rencontrées.

Observables comme outils d'évaluation positive

• L'enfant, en regardant, sait choisir une collection d'objets de même quantité (1, 2 ou 3) qu'une collection donnée d'objets disposés de la même façon, disposés différemment.
• L'enfant exprime une quantité avec les doigts de la main.
• L'enfant dit le mot nombre correspondant au cardinal de la collection.

Traces

Des photographies et affichages des différentes collections.

Variables didactiques

• La disposition des objets dans la boîte : en désordre et mobiles.
• Sur les cartes, les lits fixes, alignés ou en désordre, très espacés ou serrés.
• Si un enfant de PS a des difficultés à l'étape 2, lui proposer plusieurs fois la situation avec les boîtes d'ours devant lui avant de proposer de nouveau l'éloignement.

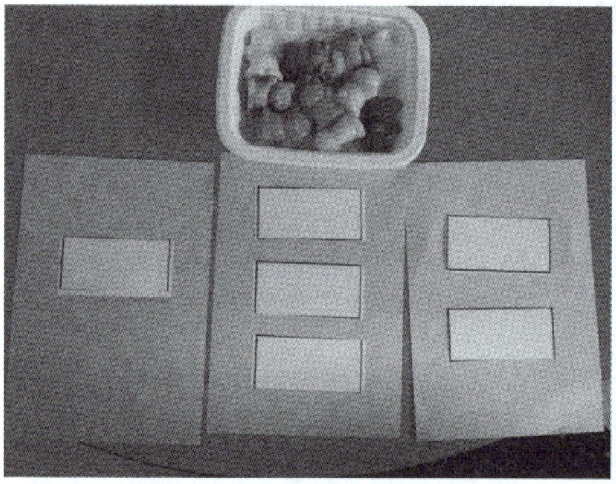
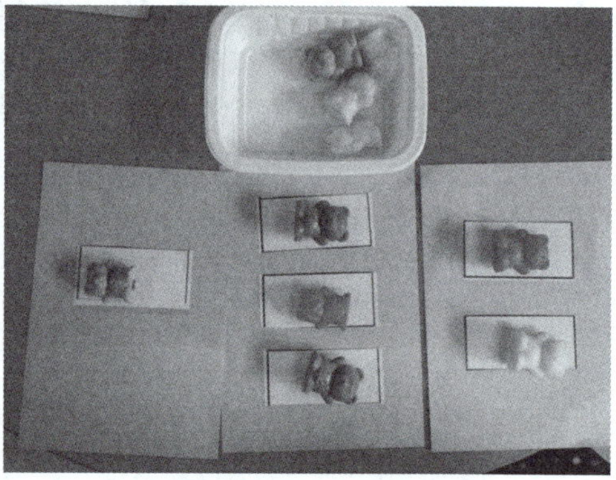
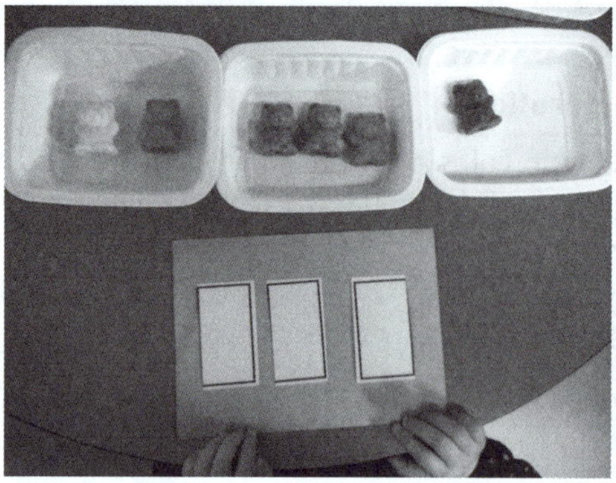

Séance n° 2
Les assiettes

Description de la séance

• 20 minutes.

Étape 1. Découverte. Manipulation.

• Préalables à la situation : les enfants ont manipulé les aliments en plastique dans l'espace cuisine. Le lexique a été travaillé.
• Présentation de la situation : les assiettes préparées sont disposées sur la table de l'espace cuisine ; description des aliments composant chaque assiette.
• « Nous allons jouer au restaurant ; je vais vous donner une assiette avec des points ; vous allez ensuite choisir sur la table une assiette avec juste ce qu'il faut de fruits. » (Si besoin, rappel de la consigne de la situation « les ours et les lits ».)
• Chaque enfant reçoit une assiette avec une, deux ou trois gommettes. Il va choisir dans l'espace cuisine une assiette préparée et la place à côté de l'assiette modèle.
• Validation : comment sait-on que l'on a réussi ? Les enfants placent le(s) fruit(s) sur les gommettes. Dire si c'est pareil ou pas pareil, s'il en manque ou s'il y en a trop.
• Verbalisation : « Il y a une gommette : il faut prendre une assiette avec un fruit. »
• Critère de réussite : toutes les gommettes sont recouvertes d'un fruit.

Étape 2. Activités de recherche individuelle. Structuration.

• Même consigne mais avec des assiettes composées de différents aliments.

Étape 3. Activité de structuration : commande orale.

• Utilisation de cartes représentant des assiettes avec des points.
• Chaque enfant utilise la carte comme message écrit pour réaliser sa commande.
• Il verbalise à l'enseignant.

Étape 4. Activité de consolidation.

Jeu d'association de cartes aliments et points ayant le même nombre d'éléments.

Rôle de l'enseignant

• Faire expliciter chaque erreur : « Pourquoi reste-t-il... ? Pourquoi n'y a-t-il pas assez... ? »
• Faire verbaliser la quantité d'aliments à prendre.
• Demander de vérifier en plaçant les aliments sur les points de l'assiette.

- Accompagner l'enfant : l'aider à mettre des mots sur sa procédure, à aller au bout de sa démarche, à valider son travail.
- Proposer des aides selon les difficultés rencontrées : montrer la quantité avec les doigts.

Observables comme outils d'évaluation positive

- L'enfant reconnaît une collection de même quantité qu'une collection donnée :
  - par perception globale des quantités ;
  - par perception visuelle due à la disposition des éléments ;
  - par correspondance terme à terme ;
  - par comptage, d'un en un.
- Il mémorise une quantité avec les doigts de la main.
- Il comprend et utilise le vocabulaire spécifique : « trop », « assez », « pas assez ».

Traces

- Prise de notes de phrases produites.
- Des photos des différentes productions en manipulation.

Variables didactiques

- Le nombre d'aliments sur les assiettes et les cartes.
- L'organisation spatiale des aliments dans l'assiette.
- La reproduction directe sur la carte modèle.

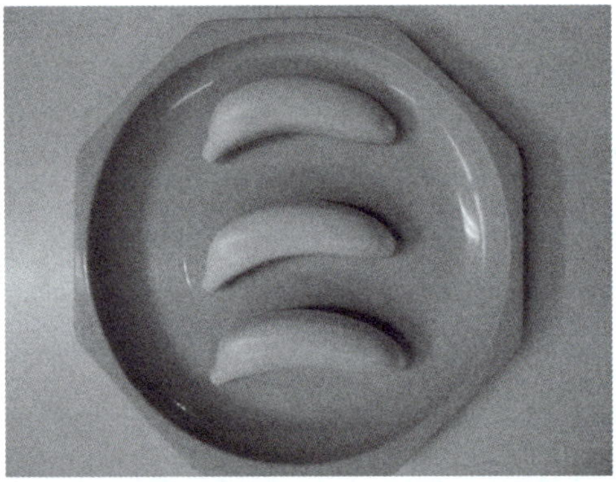

Prolongement de la séquence

Prolongement des séances

• Réaliser des collections d'objets (à partir du petit matériel de la classe) identiques à une collection témoin.

• Préparer la table pour les poupées.

• Associer différentes collections d'objets.
• Associer des collections d'objets avec différentes représentations des nombres : configurations de doigts, constellations du dé.
• Jeux de manipulation de type boîtes à compter, perles...
• Jeux du commerce : type Halli Galli (adapter la règle), loto.

Ouverture vers une autre discipline

Mobiliser le langage dans toutes ses dimensions (l'oral) avec les comptines numériques.

Transfert de compétences

Travail de ces notions au quotidien avec les rituels : montrer le même nombre de doigts levés que l'enseignant, lever autant de doigts que le nombre de doudous...

Séquence n° 2

Manipuler de très petites collections : 1, 2, 3 éléments

- Séance n° 1 : **La chasse aux objets**
- Séance n° 2 : **Les poissons malades**
- Séance n° 3 : **Les courses**

Description de la séquence

Objectifs du domaine d'apprentissage

• Réaliser une collection de même quantité qu'une collection donnée : quantité inférieure ou égale à deux (TPS), à trois (PS).
• Séance n° 1 : Réaliser des collections d'un à trois éléments.
• Séance n° 2 : Repérer les différentes décompositions d'un nombre de 2 à 3.
• Séance n° 3 : Composer et décomposer les nombres de 1 à 3.

Attendus de fin de cycle

• Quantifier des collections jusqu'à trois ; les composer et les décomposer par manipulations effectives puis mentales (séance n° 1).
• Parler des nombres à l'aide de leur décomposition (séances n°s 2 et 3).
• Dire combien il faut ajouter ou enlever pour obtenir des quantités ne dépassant pas trois (séance n° 3).

Critères observables

• Savoir quantifier des collections jusqu'à 3.
• Les composer et les décomposer par manipulations effectives puis mentales.
• Dire combien il faut ajouter pour obtenir des quantités ne dépassant pas 3.
• Savoir verbaliser une décomposition : pour 2 « 1 et encore 1 » ; pour 3 « 1 et 1 et 1 ou 1 et 2, ou 2 et 1 ».

Objectifs langagiers

Utiliser les adverbes : pas assez, trop, assez ; **les verbes** : manquer, rester ; **les mots nombres** : un, deux, trois...
Parler des nombres en utilisant leurs décompositions : « 2, c'est 1 et encore 1 ».

Préparation organisationnelle, matérielle et spatiale de la classe

Séance n° 1

Organisation de la classe/Aménagement de l'espace
Salle de motricité, la demi-classe.

Matériel

- Un cerceau par enfant
- Du petit matériel : des anneaux, disques, petits sacs
- Des affiches constellations 1 à 3

Séance n° 2

Organisation de la classe/Aménagement de l'espace
Salle de classe, un atelier de quatre enfants.

Matériel

- Un plan de jeu « poissons », des jetons rouges, de la pâte pour fixer les jetons, une boîte pour les ranger
- Deux grands dés[1] constellations rouges (gommettes rouges) : un dé (six faces une constellation), un dé (trois faces une constellation et trois faces deux constellations), une boîte pour les dés

Séance n° 3

Organisation de la classe/Aménagement de l'espace
Salle de classe, un atelier de quatre enfants.
Une table dans l'espace cuisine sur laquelle sont posées les boîtes de fruits[2], une table éloignée pour poser les courses.

Matériel

- Par enfant : un panier[3] de courses
- Des boîtes contenant d'un à trois fruits identiques (étapes 1 et 2), d'un à deux fruits (étape 3)
- Des cartes 1 à 3 constellations

1. Dé six faces 50 mm géant effaçable Nathan.

2. Aliments en plastique Celda Asco.

Séance n° 1
La chasse aux objets

Description de la séance

15 minutes.

Étape 1. Appropriation de la tâche. Manipulation.

• En salle de motricité, l'enseignant a placé au sol des cerceaux représentant la maison de chaque enfant. Au centre de la salle, se trouvent des petits objets.
• Chaque enfant est placé dans sa maison. Au signal, les enfants vont chercher des objets et les rapportent dans leur maison.

Étape 2. Recherche individuelle. Structuration. Verbalisation.

• L'enseignant montre une affiche avec un, deux ou trois points. Chaque enfant va chercher le nombre d'objets et le(s) rapporte dans sa maison.
• Validation : par comparaison avec la collection témoin, par verbalisation orale, en utilisant les mains : « 2, c'est 1 dans une main et 1 dans l'autre main ».
• Quand l'activité est comprise avec les affiches, l'enseignant va donner oralement le nombre d'objets voulu puis apporter la contrainte « rapporter en une seule fois ».
• Échange oral collectif : confrontation des résultats.

Rôle de l'enseignant
Accompagner l'enfant : l'aider à mettre des mots sur sa procédure.

Observables comme outils d'évaluation positive
L'enfant sait prendre la même quantité d'objets (un à trois) qu'une collection donnée d'objets : par la perception globale des quantités, par mémorisation.

Traces
Photos de collections réalisées par les enfants.

Variables didactiques
Présentation des quantités à rapporter : constellations organisées, désorganisées, désignation orale.

Séance n° 2
Les poissons malades

Description de la séance

15 minutes.

Étape 1. Découverte du jeu. Recherche collective.

• Chaque enfant dispose d'un plan de jeu « poissons ». Chaque poisson a de deux à trois boutons (jetons rouges). Sur la table, une boîte avec les deux dés et la boîte vide.
• L'enseignant présente la situation aux enfants : « Regardez les poissons ! Ont-ils l'air content ? » « Les poissons ont des boutons. Je vous ai apporté des dés magiques qui peuvent faire disparaître les boutons. Observez bien le matériel et dites-moi comment il faut jouer. »
• Les enfants émettent des hypothèses.
• Échange oral collectif. Si besoin, l'enseignant explicite l'utilisation des deux dés, puis il précise la règle.

Étape 2. Mise en situation. Appropriation de la règle du jeu.

• Les enfants commencent à jouer.
• À tour de rôle, chaque enfant lance les deux dés. Il nomme la quantité de points sur la face de chaque dé, puis dit combien il y a de points en comptant les deux dés. L'enfant enlève ensuite les boutons d'un poisson et les pose sur chaque face du dé. L'enseignant va le faire de nouveau verbaliser. Les boutons sont ensuite rangés dans la boîte. Et ainsi de suite, jusqu'à ne plus avoir de poisson malade.
• L'enseignant invite chaque enfant à nommer la quantité de points sur chacun des deux dés, à la matérialiser avec les doigts des deux mains puis à dire le nombre total de points : « Un et encore un ; un bouton et encore un bouton, cela fait deux boutons. »

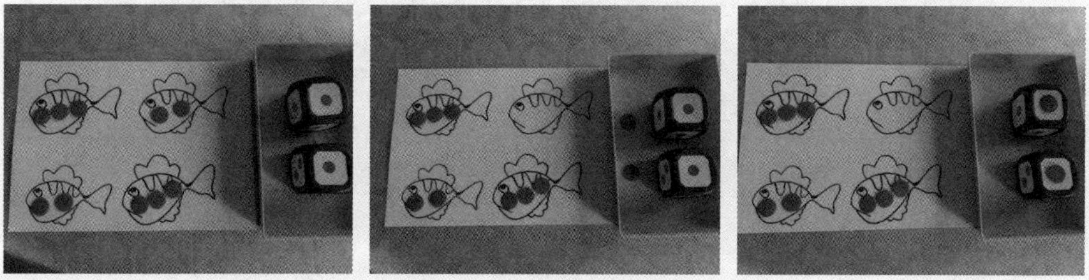

Étape 3. Structuration.

• La partie peut se jouer en inversant la situation : les poissons vont devenir malades.

• Sur chaque poisson, l'enseignant aura placé des empreintes (boules de pâte à fixe).
• À chaque lancer de dés, les enfants posent les boutons sur le poisson dont le nombre d'empreintes est le même que les points des dés : « Un (point) et encore un (point), je pose deux boutons sur le poisson qui a deux empreintes. »

Rôle de l'enseignant

• Faire verbaliser le nombre d'éléments et la décomposition de ce nombre.
• Proposer des aides selon les difficultés :
compter le nombre de points sur les doigts de l'enseignant ;
compter le nombre de points en posant le doigt sur les constellations ;
utiliser les jetons pour réaliser une correspondance terme à terme.

Observables comme outils d'évaluation positive

• L'enfant, en regardant, sait dire la quantité de points.
• L'enfant matérialise la décomposition avec les doigts de la main.
• L'enfant verbalise le nombre d'éléments en composant les nombres : « Un et encore un, ça fait deux. »
• L'enfant réalise une correspondance terme à terme (boutons d'un poisson/jetons des deux dés).
• L'enfant utilise le vocabulaire spécifique.

Traces

Photos de différents poissons associés aux deux faces de dés.

Variables didactiques

• Utiliser des cartes constellations non organisées, collections de doigts.
• Modifier le nombre de boutons sur les poissons.

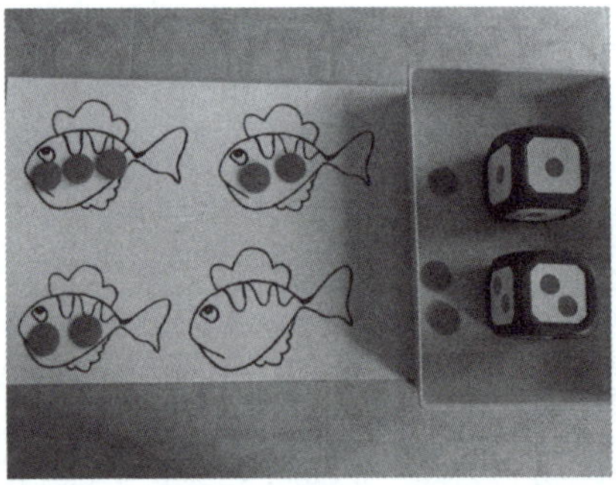
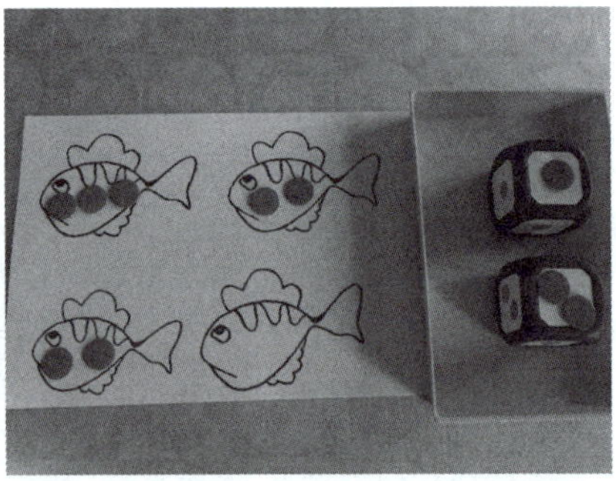

Séance n° 3
Les courses

Description de la séance

15 minutes.

Étape 1. Découverte du jeu. Recherche de la règle.

- Chaque enfant reçoit un panier de courses avec une carte constellations à l'intérieur.
- Les boîtes de fruits sont posées sur la table de l'espace cuisine.
- L'enseignant laisse découvrir le matériel aux enfants et leur propose de faire des courses.
- Il leur demande d'expliquer comment ils vont faire.

Étape 2. Appropriation de la situation. Manipulation.

- L'enseignant demande à chaque enfant d'observer la carte et précise la règle : « Regarde bien la carte, tu vas choisir des fruits ; attention il faut acheter une boîte avec juste ce qu'il faut de fruits. »
- Il invite chaque enfant à verbaliser le nombre de points sur la carte.
- Chaque enfant prend son panier, la carte et va choisir une boîte.
- Validation : les enfants posent les fruits sur la carte. Le nombre de fruits de la boîte correspond bien au nombre de points.

Étape 3. Introduction d'une contrainte. Structuration.

- Les boîtes de fruits proposées contiennent d'un à deux fruits : cela va obliger les enfants à utiliser la décomposition.
- Cette étape sera plus facilement réalisable par les PS mais à tester avec les TPS en utilisant des boîtes contenant un fruit.
- À cette étape, l'enseignant précise aux enfants qu'ils peuvent prendre plusieurs boîtes.

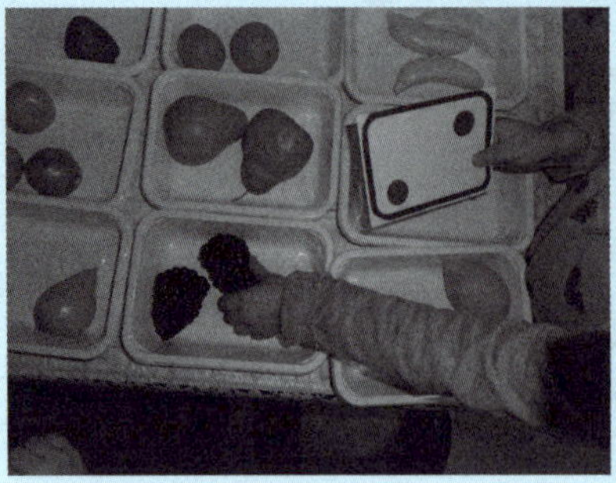 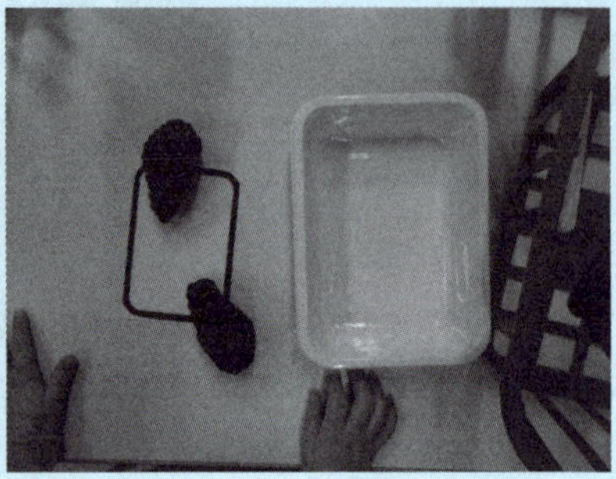

Rôle de l'enseignant

- Faire verbaliser le nombre d'éléments et la décomposition de ce nombre.
- Vérifier que la règle du jeu a bien été comprise.
- Proposer des aides selon les difficultés :
  - compter le nombre de points en posant le doigt sur les constellations ;
  - compter le nombre de points sur les doigts de l'enseignant ;
  - poser des jetons sur les faces des dés pour faciliter la représentation de la décomposition/composition de la collection.

Observables comme outils d'évaluation positive

- L'enfant comprend une règle du jeu.
- Il verbalise la décomposition d'un nombre de 2 à 3.
- Il décompose jusqu'à 3.
- Il utilise le vocabulaire spécifique.

Traces

Représentations des décompositions de 2 et 3.

Variables didactiques

- Utiliser des cartes constellations désorganisées.
- Utiliser des cartes chiffrées.
- Réaliser la situation avec des quantités plus importantes.

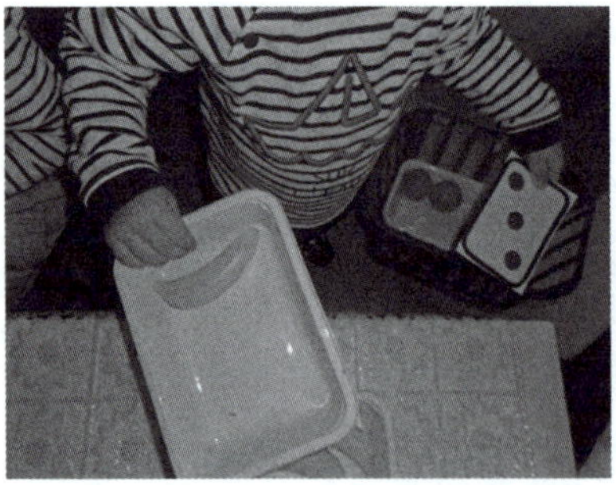 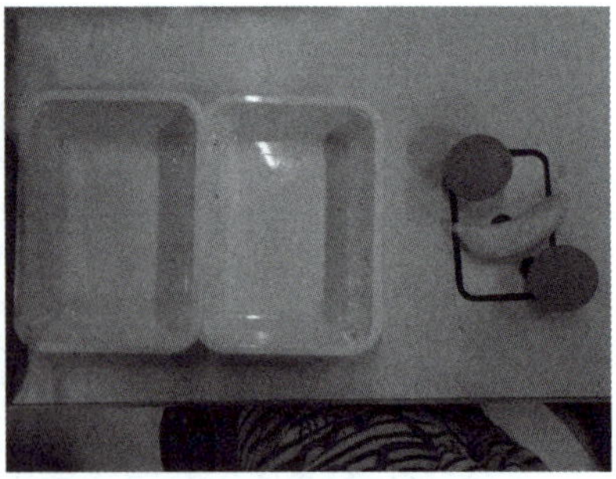

Prolongement de la séquence

Prolongement des séances

• Avec le petit matériel de la classe, réaliser toutes les compositions possibles de trois éléments avec deux sortes d'objets.
• Jeu avec les perles « Petit poisson veut rejoindre sa maman ». Chemin réalisé en enfilant des perles. Jeu avec cartes constellations ou un dé de 2 à 3... La consigne est de prendre obligatoirement des perles de deux couleurs. Par exemple, si j'obtiens 3, j'enfile deux perles rouges et une perle verte.

Ouverture vers une autre discipline

• **Mobiliser le langage dans toutes ses dimensions** (langage oral) avec les comptines numériques, les jeux de doigts, les albums à compter.
• **Agir, s'exprimer, comprendre à travers l'activité physique :** collaborer, coopérer, s'opposer : jeux collectifs.

Transfert de compétences

• Rituels.
• Préparation de la collation du matin.

8

Explorer des formes, des grandeurs, des suites organisées

Séquence 1 : Explorer les solides 141

Séance n° 1	Construire une image mentale des solides	143
Séance n° 2	Mettre ensemble des solides qui roulent	145
Séance n° 3	Reconnaître tactilement des boules parmi d'autres	147

Séquence 2 : Explorer les longueurs 149

Séance n° 1	Construire une tour plus grande que… et plus petite que…	151
Séance n° 2	Construire une tour plus grande, plus petite qu'un objet témoin	153
Séance n° 3	Ranger ensemble des poupées russes	155

Virginie Duquenoy

Séquence n° 1

Explorer les solides

- Séance n° 1 : **Construire une image mentale des solides**
- Séance n° 2 : **Mettre ensemble des solides qui roulent**
- Séance n° 3 : **Reconnaître tactilement des boules parmi d'autres**

Description de la séquence

Objectif du domaine d'apprentissage

Reconnaître des solides : la boule et le cylindre parmi d'autres.

Attendus de fin de cycle

Classer des objets en fonction de caractéristiques liées à leur forme. Savoir nommer quelques formes planes (carré, triangle, cercle ou disque, rectangle) et reconnaître quelques solides (cube, pyramide, boule, cylindre).

Critères observables

- Distinguer les objets qui roulent de ceux qui ne roulent pas.
- Reconnaître globalement des solides (boules, cylindres) par la vue et le toucher.

Objectifs langagiers

- Acquérir une structure syntaxique : faire rouler un objet, un objet roule ou ne roule pas.
- Nommer les solides.

Préparation organisationnelle, matérielle et spatiale de la classe

	Organisation de la classe/de l'espace	Matériel
Séance n° 1	Salle de motricité Matériel placé au centre de la salle	Ballons, balles, sacs lestés, cubes, cylindres, pyramides, briques, balles de jonglage, corde, lattes. Il est nécessaire de prévoir au moins 10 % d'objets supplémentaires par rapport au nombre d'enfants.
Séance n° 2	Espace regroupement Matériel placé sur une table éloignée de l'espace regroupement	Matériel de motricité miniature : ballons, balles, cubes, cylindres, pyramides, briques, balles de jonglage, corde, lattes... un panier par enfant.
Séance n° 3	Espace regroupement	Objets de la vie quotidienne : boîtes de médicaments, d'allumettes, prismes, balles, des tubes vides, des boîtes cylindriques, boîtes de céréales vides... un sac à toucher contenant quatre objets par enfant.

Séance n° 1
Construire une image mentale des solides

Lors des séances de motricité, l'enseignant s'attachera à nommer le matériel pendant l'installation ou le rangement. Ce sera autant d'occasions pour apporter le vocabulaire.

Description de la séance

15 minutes.

Étape 1. Échauffement corporel pour commencer la construction de l'image mentale (12 élèves maximum).

- L'enseignant proposera un enchaînement de gestes choisis en fonction de l'objectif d'apprentissage.
- Il demandera aux enfants de décrire des cercles avec la tête, les épaules, les bras, les mains, les genoux, les pieds et la taille.
- Il demandera aux enfants de rouler en boule sur le côté, mimer la ronde avec les bras, mimer le roulement d'une balle dans les mains.

Étape 2. Renforcer l'image mentale.

- Dans un premier temps, l'enseignant laisse les enfants explorer, manipuler les objets librement.
- Après quelques minutes de manipulation, il valorise les actions réalisées par les enfants. Il devient également force de proposition tout au long de la séance. Il agit et incite les enfants à l'imiter en verbalisant ses actions : faire rouler un cylindre, la balle, le ballon…

Étape 3. Mettre ensemble les solides qui vont ensemble dans la salle de jeu.

- L'enseignant laisse dans un premier temps les enfants mettre librement « ensemble ce qui va ensemble ».
- Il demande ensuite aux enfants d'expliciter leur critère de tri. Si le critère de couleur a été retenu par les enfants, l'enseignant leur demandera de trouver une autre façon de « mettre ensemble ce qui va ensemble ».
- À la fin du tri, l'enseignant demande aux enfants d'expliquer pourquoi certains objets sont ensemble et d'autres ne sont pas choisis (les objets qui ne roulent pas). Les enfants vérifieront par l'essai et utiliseront le vocabulaire : boule, cylindre, rouler, forme ronde pour justifier le tri.

Étape 4. Phase de verbalisation et de structuration.

• Cette phase de verbalisation permettra de « passer du faire au dire », d'associer le geste à la parole : « On a mis ensemble ce qui va ensemble parce que ça roule, ce sont des cylindres, des boules, des balles... »

Rôle de l'enseignant

• L'enseignant prend dans un premier temps le rôle d'observateur. Il observera les attitudes et les gestes des enfants.
• Il veillera également à la sécurité affective et corporelle des enfants.
• L'enseignant ne donne pas de consigne dans un premier temps pour que les enfants puissent explorer librement le matériel. Puis il prend le rôle de personne ressource en reprenant les actions de certains enfants pour les proposer au reste du groupe. C'est également l'occasion d'apporter le vocabulaire et de mettre en mots les actions. Les enfants s'en imprègnent. Ces manipulations ont pour objectif la construction de l'image mentale du solide : la boule et le cylindre.
• L'enseignant donne des consignes ouvertes pour mettre les enfants face à une situation problème : « mettre ensemble ce qui va ensemble ».
• À la fin de la séance, il institutionnalise le savoir et apporte le vocabulaire pour faciliter la mise en mémoire.
• L'enseignant gère le groupe.
• L'enseignant a des signaux précis qui marquent le début de l'activité de manipulation et sa fin (musique, taper dans les mains, chant, clochette...).

Observables comme outils d'évaluation positive

Même en collectif, il est possible d'observer chacun des enfants et de savoir :
• qui s'engage spontanément dans l'exploration libre du matériel ;
• qui imite les autres ;
• qui reconnaît les solides parmi d'autres ;
• qui utilise le vocabulaire « boule », « forme ronde », « rouler », « cylindre ».

Traces

• L'enseignant conservera des traces sous forme de photos ou d'images de cette séance d'appariement des solides dans « l'espace découverte » de la classe. Il installera le même matériel de motricité mais en « petit format » (matériel Asco miniature).
• Les enfants auront l'occasion de réinvestir l'apprentissage ultérieurement lors d'ateliers autonomes ou au moment de l'accueil. Ils pourront à nouveau « mettre ensemble ce qui va ensemble ».

Variables didactiques

• L'enseignant incitera les enfants qui éprouvent des difficultés à entrer dans l'activité.
• Il s'attachera à questionner les enfants sur leurs actions et mettra en mots si besoin leurs actions.
Afin de passer du critère de tri par couleur au critère de tri par forme, l'enseignant n'installera que du matériel de la même couleur.

Séance n° 2
Mettre ensemble des solides qui roulent

Description de la séance

15 minutes.

Étape 1. Rappel de la séance précédente.

Dans l'espace regroupement, l'enseignant projette à l'aide d'un TBI ou expose aux enfants les photographies prises dans la salle de jeu lors de la séance précédente. Il incite les enfants à verbaliser le critère de tri des objets en utilisant le vocabulaire : « cylindre », « boule », « forme ronde », « rouler ».

Étape 2. Mettre ensemble les solides qui vont ensemble dans la classe.

- L'enseignant a déposé sur deux tables des boules et d'autres solides. Il demande à chaque enfant de déposer dans son panier tous les objets qui roulent qu'ils trouvent sur les tables. Les enfants vont mettre ensemble ce qui va ensemble.
- Le groupe s'assoit ensuite en cercle dans le coin regroupement pour observer et commenter la collecte de chacun. Le groupe valide ou non les objets collectés.

Étape 3. Phase de verbalisation et de structuration.

Cette phase permet de dépasser le faire, d'associer le geste à la parole : « On a mis ensemble ce qui va ensemble parce que ça roule, ce sont des cylindres, des boules, des balles... »

Rôle de l'enseignant

L'enseignant se met en retrait et prend le rôle d'observateur pendant la collecte. Il demande ensuite de justifier leur collecte : « Pourquoi as-tu choisi cet objet ? », « Pourquoi cet objet n'a pas été choisi ? »

Observables comme outils d'évaluation positive

Il est possible d'observer chacun des enfants et de savoir :
- qui s'engage spontanément dans la recherche ;
- qui reconnaît les boules et les cylindres parmi d'autres solides ;
- qui utilise le vocabulaire « boule », « cylindre » et « forme ronde ».

Traces

L'enseignant conservera une photographie des paniers des enfants après validation par le groupe. Il les laissera ensuite à disposition dans « l'espace découverte » qui deviendra un « espace d'exploration ». Les enfants pourront de nouveau mettre ensemble ce qui va ensemble et effectuer les appariements de boules et de cylindres en autonomie, lors de l'accueil.

Variables didactiques

L'enseignant demandera aux enfants de collecter des solides qui roulent dans les espaces de vie à l'école (couloir, hall, salle de motricité, salle d'arts plastiques...).

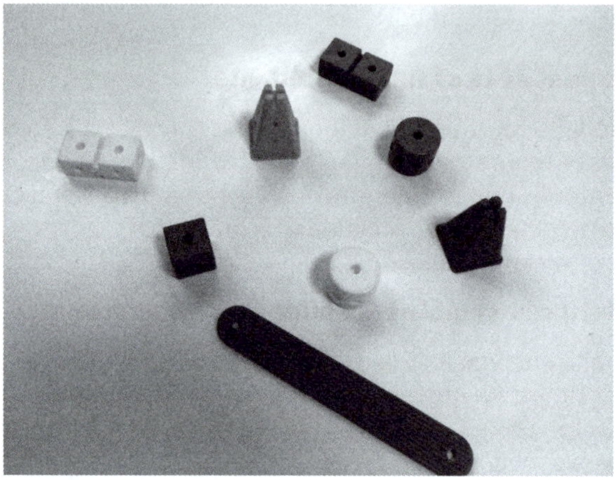

Séance n° 3
Reconnaître tactilement des boules parmi d'autres

Description de la séance

20 à 25 minutes.

Étape 1. Rappel de la séance précédente.

Un groupe de quatre à six élèves est installé en cercle au sol, dans l'espace regroupement. L'enseignant procède à une phase de rappel des apprentissages conduits précédemment. Il utilise comme support les photographies des paniers contenant les solides : boules et cylindres.

Étape 2. Jeu de l'objet témoin.

• L'enseignant montre un objet témoin (boule ou cylindre) et demande à un enfant de chercher le même objet dans le sac sans regarder.
• À tour de rôle, les enfants cherchent l'objet montré dans le sac en le touchant. L'enfant qui sort l'objet valide ou non sa réussite. Il explique à ses pairs comment il a procédé en utilisant le vocabulaire : « forme ronde », « rouler dans la main », « entre les doigts », « balles », « boules », « cylindres ».

Étape 3. Jeu du toucher.

• L'enseignant distribue un sac à toucher à chaque enfant. À l'intérieur du sac, il a glissé différents solides.
• À tour de rôle, les enfants cherchent un objet qui roule en le touchant.
• La validation s'effectue par les pairs. Les enfants utilisent le vocabulaire : forme ronde, rouler dans la main, entre les doigts, balles, boules, cylindres.

Étape 4. Phase de verbalisation et de structuration.

Cette phase de verbalisation permet de mettre en mots la stratégie pour retrouver un objet caché dans un sac : « On trouve en touchant avec la main les boules et les cylindres dans le sac sans regarder. »

Rôle de l'enseignant

L'enseignant accompagne le groupe pour valider la reconnaissance tactile des solides : boules et cylindres.

Observables comme outils d'évaluation positive

Il est possible d'observer chacun des enfants et de savoir :
• qui plonge spontanément la main dans le sac ;
• qui s'engage spontanément dans la recherche tactile ;
• qui reconnaît les boules et les cylindres parmi d'autres solides tactilement et visuellement ;
• qui utilise le vocabulaire « boule », « cylindre » et « forme ronde ».

Traces

• Les enfants colleront les images ou photos des objets qui roulent sur une affiche.
• Cette affiche sera la mémoire de la classe concernant les solides qui roulent : les boules et les cylindres. Elle sera ajoutée aux différentes photographies déposées dans l'espace d'exploration et servira à la construction de l'image mentale des boules et des cylindres.

Variables didactiques

Il est possible de réduire ou d'augmenter le nombre de formes dans le sac à toucher.

Prolongement de la séquence

Prolongement des séances

Séance n° 2	**L'enseignant demandera aux enfants de trouver dans la classe des solides qui peuvent se mettre ensemble (balle de tennis, balle de tennis de table, graines, cailloux, piles, boîtes d'allumettes, boîtes de médicaments vides, boîtes de céréales vides...).** **Les enfants vont réinvestir dans l'espace classe les compétences travaillées lors de la séance dans la salle de jeu.**
Séance n° 3	**Sous forme de chasse à trésor, les enfants devront trouver dans un espace spécifique de l'école les solides (boules et cylindres) cachés parmi d'autres.**

Transfert de compétences

• Lors de cette séquence, les élèves ont développé des compétences langagières en syntaxe, en articulation, en prise de parole et en vocabulaire avec l'utilisation d'un vocabulaire de la géométrie.
• Ces compétences langagières sont sollicitées dans les activités orales dans tous les domaines d'apprentissage.
Les compétences développées au niveau du toucher et de la vue peuvent être exploitées et approfondies lors d'une séquence sur les cinq sens.

Séquence n° 2

Explorer les longueurs

- Séance n° 1 : Construire une tour plus grande que... et plus petite que...
- Séance n° 2 : Construire une tour plus grande, plus petite qu'un objet témoin
- Séance n° 3 : Ranger quatre objets selon une longueur
- Séance n° 4 : Ranger ensemble des poupées russes

Description de la séquence

Objectifs du domaine d'apprentissage

• Comparer des longueurs.
• Comprendre et utiliser un vocabulaire mathématique : « petit », « grand », « plus petit », « plus grand », « de la même taille ».

Attendus de fin de cycle

Classer ou ranger des objets selon un critère de longueur.

Critères observables

• L'enfant s'engage spontanément dans l'exploration libre.
• Il appréhende et compare les objets selon un critère de grandeur particulière.

Objectifs langagiers

• Acquérir une structure syntaxique de comparaison : utiliser des superlatifs relatifs et absolus.
• Acquérir le vocabulaire des longueurs.

Préparation organisationnelle, matérielle et spatiale de la classe

	Organisation de la classe/ de l'espace	Matériel
Séance n° 1	Salle de motricité. Une dizaine d'îlots de matériel divers est placée dans la salle de jeu.	Cubes, briques, cylindres (objets empilables permettant la construction de tours).
Séance n° 2	Espace regroupement puis sur une table dans la classe. Le matériel est placé au sol puis au centre d'une table.	Cubes, briques, cylindres (objets empilables permettant la construction de tours) et un objet témoin (une figurine, une bouteille...).
Séance n° 3	Salle de classe en atelier.	Quatre tours de cubes emboîtées de longueur différente, une boîte de réglettes.
Séance n° 4	Salle de classe en atelier.	Six poupées russes.

Séance n° 1
Construire une tour plus grande que... et plus petite que...

Description de la séance

30 minutes.

Étape 1. Présentation du matériel.

L'enseignant présente le matériel mis à disposition (cylindres, cubes, briques) dans la salle de jeu et le nomme.

Étape 2. Recherche par binôme pour construire une image mentale de ce qui est « plus grand que et plus petit que ».

• Les enfants sont répartis par binôme. Les enfants doivent construire une tour « plus grande que soi ». Chaque enfant construit sa tour. Puis l'enseignant demande aux enfants d'observer la tour de son binôme pour valider la consigne. L'enfant utilisera le vocabulaire et validera en justifiant la construction : « Il a construit une tour plus grande que lui. Ça le dépasse, c'est plus haut. »
• Dans un deuxième temps, l'enseignant demande de construire une tour plus grande que son binôme. L'enfant utilisera le vocabulaire et validera en justifiant la construction : « Il a construit une tour plus grande que moi. Ça me dépasse, c'est plus haut... »
• Enfin, dans un troisième temps, l'enseignant demande aux deux enfants de construire en même temps une tour plus grande qu'une tour témoin positionnée entre les deux enfants. Les enfants valideront les constructions en justifiant et en utilisant le vocabulaire : « plus grand que », « dépasser », « plus haut », « grand »...
• Puis l'enseignant regroupe les enfants autour de lui pour les inciter à décrire ce qu'ils ont fait et expliciter ce qu'ils ont appris : à construire une tour plus grande qu'eux, une tour plus grande que le copain et enfin une tour plus grande que la tour témoin.
• Il s'agit également d'inciter les enfants à décrire comment ils ont fait et à utiliser le vocabulaire : « dépasser », « haut », « plus grand »...
• L'enseignant place à nouveau les enfants en binôme et leur demande de construire une tour plus petite que soi. Un enfant construit la tour et le second l'observe. Faire valider par l'enfant observateur la construction. L'enfant utilisera le vocabulaire et validera en justifiant la construction : « Il a construit une tour plus petite que lui. Ça ne le dépasse pas. »
• Dans un deuxième temps, demander à l'observateur de construire une tour plus petite que son binôme. Le binôme témoin validera la construction en justifiant et en utilisant le vocabulaire : « plus petit », « ne dépasse pas »...

• Enfin, dans un troisième temps, l'enseignant demande aux deux enfants de construire en même temps une tour plus petite qu'une tour témoin positionnée entre les deux enfants. Les enfants valideront les constructions en justifiant et en utilisant le vocabulaire.

Étape 3. Phase de verbalisation et de structuration.

Cette étape de verbalisation permet de dépasser l'activité pour passer du faire au dire et d'associer le geste à la parole : « On a construit des tours plus grandes, plus petites. »

Rôle de l'enseignant

• Pendant la construction en binôme, l'enseignant se place en tant qu'observateur attentif au cheminement de l'enfant pour construire sa tour.
• Lors de la validation des constructions des tours, l'enseignant accompagne les enfants, notamment pour poser le vocabulaire : « plus grand », « plus petit », « ça le dépasse », « ça ne le dépasse pas », « c'est haut »...

Observable comme outil d'évaluation positive

Il est possible d'observer si chacun des enfants s'engage spontanément dans l'activité et appréhende les objets selon un critère de grandeur particulière. L'enfant est capable de comparer deux objets selon la longueur. Certains enfants seront dans l'imitation.

Traces

Des photographies des différentes constructions (tour plus grande/plus petite que soi, tour plus grande/plus petite qu'un camarade, tour plus grande/plus petite qu'une tour témoin) sont affichées dans un espace dédié aux activités de construction mis en place dans la classe avec des objets de longueurs différentes. Les enfants peuvent s'y rendre et construire des tours plus grandes ou plus petites que des personnages, des objets. Ils réinvestiront les compétences travaillées en salle de motricité dans la classe avec le même matériel.

Variables didactiques

L'enseignant accompagnera davantage les enfants ayant plus de difficultés à entrer dans l'activité.

Séance n° 2
Construire une tour plus grande, plus petite qu'un objet témoin

Description de la séance

20 minutes.

Étape 1. Rappel de la séance précédente.

L'enseignant projette à l'aide d'un TBI ou affiche les photographies prises lors de la séance précédente. Il amène les enfants à verbaliser toutes les constructions réalisées et à utiliser le vocabulaire mathématique pour comparer les longueurs : « plus grand », « plus petit ».

Étape 2. Recherche individuelle et manipulation du matériel de motricité.

Les enfants sont assis en arc de cercle dans l'espace regroupement de la classe. L'enseignant demande à un enfant de construire une tour plus grande ou plus petite qu'un objet témoin. La validation s'effectuera par le groupe. Les enfants utiliseront le vocabulaire et valideront la construction en justifiant leur réponse : « La tour est plus grande que l'objet témoin. Elle le dépasse, elle est plus haute... »

Étape 3. Recherche individuelle et manipulation de cubes emboîtables.

Les enfants sont réunis autour d'une table. L'enseignant place un objet témoin sur la table et demande aux enfants de construire une tour plus grande ou plus petite que l'objet témoin. Chaque enfant construit sa tour avec des cubes emboîtables. Un temps d'observation des constructions permettra de valider ou non la consigne. La tour est-elle plus petite ou plus grande que l'objet témoin ? Comment le sait-on ? Comment fait-on pour le savoir ?

Étape 4. Phase de verbalisation et de structuration.

Cette phase permet de dépasser l'activité pour être dans « l'apprendre ». Qu'avons-nous appris à faire ?

Rôle de l'enseignant

• Pendant la construction individuelle, l'enseignant se place en retrait afin d'observer comment les enfants s'y prennent pour construire leur tour.
• Lors de la validation des constructions des tours, il les accompagne pour poser le vocabulaire : « plus grand », « plus petit », « ça le dépasse », « ça ne le dépasse pas », « c'est haut »...

Observables comme outils d'évaluation positive

- Il est possible d'observer si l'enfant s'engage dans la construction en respectant la consigne.
- L'enfant est capable de comparer deux objets selon la longueur et utilise le vocabulaire approprié.

Traces

Quelques tours de cubes emboîtables plus petites et plus grandes que l'objet témoin sont conservées.

Variables didactiques

L'enseignant accompagnera davantage les élèves qui éprouvent des difficultés à utiliser le vocabulaire mathématique : « petit », « grand », « plus petit que », « plus grand que »...

Séance n° 3
Ranger ensemble les poupées russes

Description de la séance

15 minutes.

Étape 1. Rappel de la séance précédente.

L'enseignant présente la photographie des quatre tours rangées de la plus petite à la plus grande aux enfants. C'est l'occasion de se remémorer les apprentissages construits lors de la séance précédente. Les enfants décrivent comment ils ont procédé pour ranger les tours de la plus petite à la plus grande.

Étape 2. Découvrir les poupées russes.

Une poupée russe contenant les autres poupées à l'intérieur est mise à disposition des enfants pour une découverte libre. Pendant que les enfants manipulent, l'enseignant observe et écoute.

Étape 3. Recherche en groupe pour ranger les poupées russes.

• L'enseignant demande aux enfants de sortir les poupées et de les replacer ensuite.
• Il leur demande ensuite de les ranger sur la table de la plus petite à la plus grande.
• L'enseignant accompagne les enfants dans leur recherche : quelle est la poupée la plus petite ? la plus grande ? Quelle poupée placer à côté de la plus petite ? Les enfants font des propositions de rangement qu'ils vérifient par essais/erreurs.

Étape 4. Phase de verbalisation et de structuration.

L'enseignant s'attachera à questionner les enfants sur ce qu'ils viennent de faire : « On a découvert les poupées russes, il y en a une grande, puis une plus petite, une encore plus petite... On les a rangées de la plus petite à la plus grande. »

Rôle de l'enseignant

• Pendant la découverte des poupées russes, l'enseignant verbalise que la poupée découverte est plus petite que celle qui la contient. Les enfants vont s'imprégner de la structure syntaxique suivante : « la poupée est plus petite et encore plus petite, et encore plus petite ».
• La verbalisation par l'enseignant de la même phrase va permettre aux enfants de construire le rangement en cherchant toujours la plus petite poupée lors de l'étape 3.

Observable comme outil d'évaluation positive

L'enfant s'imprègne progressivement de la structure syntaxique : la poupée est plus petite, encore plus petite, encore plus petite...

Traces

Une photographie des poupées rangées de la plus petite à la plus grande sera affichée dans l'espace construction de la classe. Les poupées russes seront également mises à disposition des enfants pour un réinvestissement en autonomie.

Variables didactiques

• Lors de l'étape 1, l'enseignant peut aider les enfants à mettre en mots les stratégies de rangement.
• L'enseignant peut diminuer si besoin le nombre de poupées à ranger. Il est préférable de toujours en proposer au moins quatre afin de permettre à l'enfant de dépasser le rangement du petit, moyen, grand.

Prolongement de la séquence

Prolongement des séances

Séance n° 2	**Lors des phases d'exploration libre ou pendant le temps de l'accueil, l'enseignant demande aux élèves qui se trouvent dans l'espace construction de construire une tour plus grande qu'un nouvel objet témoin qu'il introduit.**
Séance n° 3	**Les enfants pourront manipuler librement le matériel en utilisant comme support la photographie du rangement des quatre tours. Ils pourront ainsi ranger les mêmes tours de la plus petite à la plus grande et transférer leurs stratégies sur d'autres objets. Par exemple, construire une tour avec un autre matériel que celui utilisé pendant la séance.**
Séance n° 4	**Les enfants pourront ranger les poupées de la plus grande à la plus petite.**

Transfert de compétences

Lors de cette séquence, les élèves ont développé des compétences pour comparer des longueurs. La même démarche peut être transposée pour comparer des masses avec l'utilisation d'une balance.

PARTIE 5

Explorer le monde

9 Se repérer dans le temps

Séquence 1 : Se situer dans le temps proche 162

Séquence 2 : Situer les événements les uns par rapport aux autres (PS) 168

Séquence 3 : Maîtriser les marques temporelles et chronologiques (PS) 173

10 Se repérer dans l'espace

Séquence 1 : Vivre l'espace 179

Séquence 2 : Commencer à concevoir l'espace : l'identifier et le décrire 189

Séquence 3 : Explorer l'espace graphique et produire quelques traces 194

11 **Découvrir le monde du vivant**
Séquence : Découvrir les cinq sens 199

12 **Explorer la matière**
Séquence 1 :
Explorer, manipuler et transporter l'eau 212
Séquence 2 : Transporter d'autres matières 221

13 **Utiliser, fabriquer, manipuler des objets**
Séquence n° 1 : Utiliser la lampe de poche 228
Séquence n° 2 : Utiliser la loupe 233
Séquence n° 3 : Ouvrir/fermer 236

Se repérer dans le temps. Programmation annuelle. TPS-PS

<table>
<tr><th>Objectifs et éléments de progressivité</th><th>Période 1</th><th>Période 2</th><th>Période 3</th><th>Période 4</th><th>Période 5</th></tr>
<tr><td rowspan="3">Stabiliser les premiers repères temporels</td><td colspan="5">Situer des événements vécus dans le temps proche</td></tr>
<tr><td>Le présent (à l'oral)</td><td></td><td>Activités de la matinée...</td><td></td><td>...de l'après-midi*</td></tr>
<tr><td colspan="3"></td><td colspan="2">Antériorité postériorité des activités de classe*</td></tr>
<tr><td>Introduire les repères sociaux</td><td colspan="3"></td><td colspan="2">Situer des événements vécus les uns par rapport aux autres en les repérant
Dans la semaine</td></tr>
<tr><td rowspan="5">Consolider la notion de chronologie</td><td colspan="5">Ordonner une suite de photographies ou d'images</td></tr>
<tr><td colspan="2">2 étapes</td><td colspan="3">3 étapes</td></tr>
<tr><td colspan="2">Images séquentielles*</td><td colspan="2">Recette, BD*, histoire</td><td></td></tr>
<tr><td colspan="2"></td><td colspan="3">Utiliser des marqueurs temporels adaptés*</td></tr>
<tr><td colspan="3"></td><td colspan="2">Récits (avant, ensuite, après)*</td></tr>
</table>

Indépendamment ou en complément des compétences transversales, certaines d'entre elles sont à mobiliser prioritairement durant des périodes spécifiques. Rien n'empêche toutefois de les anticiper voire de les poursuivre.

*Points développés dans l'ouvrage dans le cadre de séances.

Explorer le monde : se repérer dans l'espace. Programmation annuelle. PS

<table>
<tr><th>Objectifs et éléments de progressivité</th><th>Période 1</th><th>Période 2</th><th>Période 3</th><th>Période 4</th><th>Période 5</th></tr>
<tr><td rowspan="4">Faire l'expérience de l'espace</td><td colspan="5">Se situer par rapport à d'autres, par rapport à des objets repères</td></tr>
<tr><td colspan="2">Repérer les espaces de la classe et de l'école*</td><td colspan="3">Se déplacer dans l'espace avec contrainte et objet*</td></tr>
<tr><td></td><td colspan="3">Concevoir l'espace – l'identifier et le décrire*</td><td></td></tr>
<tr><td colspan="5">Utiliser des marqueurs spatiaux adaptés dans des récits, descriptions ou explications*</td></tr>
<tr><td>Représenter l'espace</td><td colspan="5">Orienter et utiliser correctement une feuille de papier en fonction de consignes, d'un but ou d'un projet précis
Explorer l'espace graphique*</td></tr>
<tr><td>Découvrir différents milieux</td><td colspan="5">Observer l'environnement proche</td></tr>
</table>

Indépendamment ou en complément des compétences transversales, certaines d'entre elles sont à mobiliser prioritairement durant des périodes spécifiques. Rien n'empêche toutefois de les anticiper voire de les poursuivre.

*Points développés dans l'ouvrage dans le cadre de séances.

Découvrir le monde du vivant. Programmation annuelle. PS

<table>
<tr><th>Objectifs et éléments de progressivité</th><th>Période 1</th><th>Période 2</th><th>Période 3</th><th>Période 4</th><th>Période 5</th></tr>
<tr><td rowspan="9">Découvrir le monde vivant</td><td colspan="5">Reconnaître les principales étapes du développement d'un animal ou d'un végétal, dans une situation d'observation du réel</td></tr>
<tr><td></td><td>Observer un élevage</td><td colspan="3"></td></tr>
<tr><td colspan="3"></td><td>Du bulbe à la fleur</td><td></td></tr>
<tr><td colspan="5">Connaître les besoins essentiels de quelques animaux et végétaux</td></tr>
<tr><td colspan="2"></td><td colspan="2">Le déplacement des animaux</td><td></td></tr>
<tr><td colspan="5">Situer et nommer les différentes parties du corps humain sur soi ou sur une représentation</td></tr>
<tr><td colspan="2">Contours et silhouettes</td><td colspan="3"></td></tr>
<tr><td></td><td colspan="2">Découvrir les cinq sens*</td><td colspan="2"></td></tr>
<tr><td colspan="5">Connaître et mettre en œuvre quelques règles d'hygiène corporelle et d'une vie saine
Respecter quelques règles d'hygiène (lavage des mains…)</td></tr>
</table>

Indépendamment ou en complément des compétences transversales, certaines d'entre elles sont à mobiliser prioritairement durant des périodes spécifiques. Rien n'empêche toutefois de les anticiper voire de les poursuivre.

*Points développés dans l'ouvrage dans le cadre de séances.

Explorer le monde de la matière et des objets. Programmation annuelle. PS

Objectifs et éléments de progressivité	Période 1	Période 2	Période 3	Période 4	Période 5
Explorer la matière	**Choisir, utiliser et savoir désigner des outils et des matériaux adaptés à une situation, à des actions techniques spécifiques (plier, couper, coller, assembler, actionner…)**				
	Transvaser – malaxer*	Attraper la matière*		Transporter la matière*	
Utiliser, fabriquer, manipuler des objets	**Choisir, utiliser et savoir désigner des outils et des matériaux adaptés à une situation, à des actions techniques spécifiques (plier, couper, coller, assembler, actionner…)**				
	Ouvrir – Fermer – Enfiler – Boutonner*	Plier – Découper – Coller			Assembler – Actionner*
		Classer, désigner et définir leurs qualités en acquérant le vocabulaire approprié*			
	Réaliser des constructions ; construire des maquettes simples en fonction de plans ou d'instructions de montage				
	Prendre en compte les risques de l'environnement familier proche				
				Sensibilisation aux dangers domestiques	Sensibilisation aux objets dangereux
Utiliser des objets numériques (appareil photo, tablette, ordinateur…)	**Agir sur une tablette numérique**				
		Utiliser une tablette			

Indépendamment ou en complément des compétences transversales, certaines d'entre elles sont à mobiliser prioritairement durant des périodes spécifiques. Rien n'empêche toutefois de les anticiper voire de les poursuivre.

*Points développés dans l'ouvrage dans le cadre de séances.

9

Se repérer dans le temps

Séquence 1 : Se situer dans le temps proche 162

Séance filée n° 1 Activités de la matinée et de l'après-midi de classe 164

Séance filée n° 2 Antériorité et postériorité des activités de classe 166

Séquence 2 : Situer les événements les uns par rapport aux autres (PS) 168

Séance filée La bande dessinée 170

Séquence 3 : Maîtriser les marques temporelles et chronologiques (PS) 173

Séance filée Les images séquentielles 175

Marc Loison

Séquence n° 1

Se situer dans le temps proche

- Séance filée n° 1 : **Activités de la matinée et de l'après-midi de classe**
- Séance filée n° 2 : **Antériorité et postériorité des activités de classe**

Description de la séquence

Objectifs du domaine d'apprentissage

• Séance filée n° 1 : Stabiliser les premiers repères temporels. Percevoir les activités de la matinée de classe (tout-petits) ou de la journée de classe (petits). S'approprier la notion de maintenant.
• Séance filée n° 2 : Consolider la notion de chronologie. Prendre des repères d'antériorité et de postériorité et construire la succession des activités.

Attendus de fin de cycle

• Situer des événements vécus dans le temps proche (séance filée n° 1).
• Ordonner une suite de photographies ou d'images (séance filée n° 2).

Critères observables

• Savoir **associer** une activité de classe avec un document iconographique : tout-petits (photographie ou image) ; petits (dessin ou symbole).
• Tout-petits et petits : Dans un ensemble désorganisé d'images, savoir **reconnaître l'activité du moment** soit en la montrant, soit en la nommant.
• Petits : Dans un ensemble désorganisé d'images, reconnaître l'activité du moment en **justifiant son choix** et en faisant une phrase du type : « Je sais que c'est maintenant la récréation parce que... »

Objectifs langagiers

• **Nommer** l'activité du moment.
• **Justifier** l'activité du moment.

Préparation organisationnelle, matérielle et spatiale de la classe

Organisation de la classe

Séance filée n° 1 : ensemble d'activités orales intervenant à tout moment de la matinée de classe pour les tout-petits et de la journée de classe pour les petits.
Séance filée n° 2 : alternance groupe classe et ateliers.

Matériel

- Ensemble de photographies ou d'images représentant la matinée de classe (tout-petits)
- Ensemble de dessins ou de symboles représentant les activités de la journée (petits)
- Bande de papier, tableau dans la zone de regroupement, aimants ou pâte adhésive
- Photographies agrandies des différents moments de la matinée de classe

Aménagement et/ou utilisation de l'espace

Travail collectif dans la zone de regroupement face au tableau (séances filées n°s 1 et 2).
Travail en ateliers (séance filée n° 2).

Séance n° 1
Activités de la matinée et de l'après-midi de classe

Description de la séance

10 minutes.

Étape 1 (tout-petits et petits). Activités d'association signifiant oral-signifié.

Pour chaque activité de classe, l'enseignant invite les enfants[1] à montrer, à nommer la photographie ou l'image (pour les tout-petits), le dessin ou le symbole (pour les petits) de l'activité en cours.

Étape 2 (petits). Activités de justification.

En section de petits, on pourra même se fixer comme objectif une justification du type : « Je sais que c'est la collation parce que... »

Étape 3 (tout-petits et petits). Activités récurrentes de reconnaissance.

• **Énonciation** : En parallèle sont menés des exercices de reconnaissance privilégiant la verbalisation. À cette fin, l'enseignant peut demander aux enfants d'indiquer ce qu'ils sont en train de faire (maintenant) ou ce qu'ils viennent juste de faire. Ici, l'enseignant veillera à l'énonciation d'une phrase correcte qu'il reformulera, le cas échéant, lui-même et fera répéter par plusieurs enfants. Il faut insister à ce niveau sur l'importance de l'oralisation mais aussi de la modélisation.
• **Choix des activités** : En section de tout-petits, ces exercices oraux de reconnaissance seront effectués sur un nombre limité d'activités, à savoir celles du matin que tous les enfants sont censés vivre à l'école. En section de petits, on veillera à passer en revue les activités structurant la journée complète de classe.

Rôle de l'enseignant

• Solliciter le plus souvent possible les enfants ayant des difficultés de désignation de l'activité du moment.

1. Conformément à la terminologie employée dans les programmes de l'école maternelle (*Bulletin officiel spécial* n° 31, 30 juillet 2020, notamment page 22), nous n'utiliserons que le terme enfant.

• Pour lever les difficultés liées à la reconnaissance de l'activité du moment, égrener la suite chronologique des activités en les montrant avec le doigt, l'enfant sollicité devant arrêter l'enseignant sur le document iconographique relatif à l'activité du moment.
• Fournir le cas échéant une aide orale.
•En cas de difficulté d'un enfant à oraliser, veiller à énoncer une phrase correcte (modélisation) et à la lui faire répéter.

Observables comme outils d'évaluation positive

• L'enfant est capable de reconnaître l'activité du moment dans un ensemble désorganisé d'images :
  - soit en la montrant ;
  - soit en la nommant ;
  - soit en justifiant son choix.
• Il est capable de mettre en correspondance dans un ensemble d'activités mêlées l'étiquette « maintenant » à la place qui convient.
• Il est capable de répéter la phrase énoncée par l'enseignant.
• Il est capable spontanément de dire : « Maintenant, nous... »

Traces

• Un premier panneau consacré aux activités de la matinée des tout-petits regroupant l'ensemble des photographies ou des images utilisées chaque jour lors des rituels.
• Un second panneau consacré aux activités de la journée des petits regroupant l'ensemble des dessins ou des symboles utilisés chaque jour lors des rituels.

Variables didactiques

• À la fin d'une activité du matin (tout-petits) ou de la journée (petits), demander aux enfants de raconter ce qu'ils font maintenant ou viennent de faire.
• Au moment du rituel d'accueil, demander « Qui est dans la classe maintenant ? » et « Qui est resté à la maison maintenant ? »
• À la fin de la matinée, demander « Qui sort de la classe maintenant pour aller à la cantine ? » et « Qui sort de la classe maintenant pour aller manger à la maison ? »

Séance filée n° 2
Antériorité et postériorité des activités de classe

Description de la séance

20 minutes.

Étape 1. Recherche collective.

• **Énonciation des activités de la matinée** : L'enseignant demande aux enfants d'indiquer les différentes activités de la matinée et de montrer, puis nommer la photographie correspondante. Il veille à l'énonciation d'une phrase correcte qu'il reformule, le cas échéant, et fait répéter par plusieurs enfants. Cette phrase pourra constituer la légende de la photographie.
• **Rangement chronologique des activités de la matinée** : Par le biais de questions et d'échanges oraux, on ordonne les photographies que l'on colle sur une bande de papier horizontale qui constituera la frise de classe légendée. Pour les petits, on procède de la même manière pour les activités de l'après-midi.

Étape 2. Travail en atelier dirigé.

• **Utilisation d'outils de repérage** : Veiller à placer cet atelier à proximité de la frise de classe de la matinée (pour les tout-petits) et de la journée (pour les petits).
• **Consignes** : Inviter les enfants à répondre à la question suivante : « Que faisons-nous maintenant ? » et à positionner l'étiquette « maintenant » sur la frise en regard de l'activité du moment.
• **Introduction de repères d'antériorité et de postériorité** : Des repères de ce type sont alors introduits par le biais des étiquettes « avant » et « après » que l'on positionne par rapport à quelques activités significatives (par exemple « avant la collation, c'est la motricité » ; « après la collation, c'est la récréation »). Pour mieux identifier les étiquettes « avant » et « après », on peut avoir recours soit à une couleur, soit à un symbole.

Rôle de l'enseignant

• Vérifier que l'enfant est capable en se référant à la frise de classe d'ordonner un jeu individuel de photographies.
• Vérifier que l'enfant est capable de situer les activités de la classe, d'y associer les étiquettes correspondantes sur la frise et qu'il sait dire « maintenant, nous... », « avant, nous... », « après, nous... ».
• En cas de difficulté d'un enfant à oraliser, veiller à énoncer une phrase correcte (modélisation) et à la lui faire répéter.
• Ne pas négliger les repères affectifs.

Observables comme outils d'évaluation positive

Tout-petits :

- L'enfant est capable de se repérer dans la suite des activités de la matinée de classe.
- Il maîtrise la notion « maintenant ».

Petits :

- L'enfant est capable de se repérer dans la suite des activités de la journée de classe.
- Il maîtrise les notions « avant » et « après ».

Traces

- Tout-petits : Bande de papier horizontale sur laquelle les photographies des activités de la matinée sont collées dans l'ordre chronologique.
- Petits : Bande de papier horizontale sur laquelle les photographies des activités de la journée sont collées dans l'ordre chronologique.

Variables didactiques

- Énonciation et rangement chronologique des activités de classe :
  - Limiter le corpus de photographies.
  - Guider l'enfant dans l'identification des activités et le rangement des photographies.
- Positionnement des repères d'antériorité et de postériorité :
  - Se contenter d'utiliser la frise de la matinée des tout-petits dont les activités sont mieux marquées.
  - Recourir à des aides supplémentaires : images ou photographies de différents moments de chaque temps.

Prolongement de la séquence

Ouverture vers une autre discipline

Mobiliser le langage dans toutes ses dimensions.

Appropriation active du langage oral : Participer aux échanges verbaux de la classe et inscrire les activités de langage dans de véritables situations de communication.

Agir, s'exprimer, comprendre à travers l'activité physique.

Langage en situation : Verbaliser les actions en EPS (« maintenant, je... » ; « avant, je... » ; « après, je... »).

Transfert de compétences

Activités de mise en relation et de structuration du temps : les enfants ont chacun en leur possession un repère (maintenant, avant, après) qu'ils doivent, en fonction de l'activité du moment, tout au long de la matinée de classe (pour les tout-petits) ou de la journée de classe (pour les petits), placer à l'endroit adéquat sur la frise de classe. L'enseignant pourra établir une grille d'observation de ce type :

Activités	Enfant devant placer l'étiquette « maintenant »	Enfant devant placer l'étiquette « avant »	Enfant devant placer l'étiquette « après »
Accueil	Jean	Xavier	Léa
Motricité	Charles	Colin	Laura
Et ainsi de suite			

Séquence n° 2

Situer les événements les uns par rapport aux autres (PS)

• Séance filée : La bande dessinée

Description de la séquence

Objectifs du domaine d'apprentissage

- Consolider la notion de chronologie.
- Percevoir trois étapes d'une bande dessinée.
- Prendre des repères chronologiques.

Attendu de fin de cycle

Ordonner une suite de photographies ou d'images.

Critères observables

- Savoir **ranger** des images **en respectant le code** (début et sens).
- Savoir **ranger** des images **en respectant l'ordre**.
- Savoir **utiliser les connecteurs temporels** « avant » et « après ».

Objectifs langagiers

- **Raconter un événement vécu** à la maison.
- **Raconter une histoire lue** par l'enseignant.
- **Utiliser les connecteurs temporels** « avant » et « après ».

Préparation organisationnelle, matérielle et spatiale de la classe

Organisation de la classe

Alternance phase collective et atelier dirigé.

Matériel

- Photocopies des moments significatifs de l'histoire, trois grands dessins (format A4) représentant symboliquement trois moments importants de l'histoire : sapin décoré, sapin dans la poubelle, sapin dans le camion poubelle
- Un jeu de photocopies des trois moments (petit format) pour chaque enfant
- De grandes bandes de papier pour reconstituer l'histoire, colle, tableau dans la zone de regroupement, aimants, pâte adhésive
- Album : Michel Gay, *Noël de sapin*, L'École des loisirs, Paris, 1989

Aménagement et/ou utilisation de l'espace

Travail collectif dans la zone de regroupement face au tableau. Travail en ateliers (un atelier dirigé et quelques ateliers satellites).

Séance filée
La bande dessinée

Description de la séance

20 minutes.

Étape 1. Découverte collective.

• **Narration des événements de Noël** : Au retour des vacances de Noël, l'enseignant fait raconter par les enfants les événements vécus à la maison. Il retient alors ceux vécus par le sapin de Noël. Par le biais de questions, il fait découvrir au moins trois étapes : l'arrivée du sapin, la décoration du sapin, les cadeaux au pied du sapin, puis éventuellement le rangement et la disparition du sapin.
• **Découverte de l'histoire *Noël de sapin*** : L'enseignant lit l'histoire sans montrer les images du livre : « Un petit sapin vit dans la forêt. Un jour, il est emmené dans une famille où il va connaître les joies de Noël avec les décorations et les cadeaux. Malheureusement, la fête de Noël finie, il se retrouve à la poubelle. Heureusement, avec la complicité du camion poubelle, il retourne dans la forêt retrouver ses congénères. »
• **Reconstitution chronologique de l'histoire** : L'enseignant raconte l'histoire avec les enfants puis montre les photocopies du livre dans l'ordre chronologique. Il aide les enfants à prendre des indices qui permettent de raconter l'histoire.
• **Symbolisation de l'histoire** : L'enseignant présente des dessins symbolisant trois grandes étapes de l'histoire.

• **Recherche d'indices** : L'enseignant aide les enfants à analyser les images et à y puiser des indices : les boules, l'étoile, la poubelle, le camion.
• **Mise en ordre chronologique** : Après avoir indiqué le début et le sens de rangement (de la gauche vers la droite), l'enseignant invite les enfants à retrouver la succession des trois images. Plusieurs enfants, à tour de rôle, effectuent la manipulation et se corrigent mutuellement. Pour chaque enfant sollicité, l'enseignant s'attachera à faire employer les connecteurs temporels « avant » et « après » (et, éventuellement, « ensuite »).

Étape 2. Atelier dirigé.

• **Organisation de la classe** : L'atelier dirigé fonctionne simultanément avec des ateliers satellites ayant un rapport plus ou moins étroit avec la bande dessinée. L'enseignant veillera à renouveler l'atelier dirigé plusieurs fois dans la semaine afin d'y faire passer la totalité des enfants.

• **Consignes et activités** : Dans l'atelier dirigé – dont l'objectif sera de vérifier la capacité de chaque enfant à respecter le code (début et sens) et l'ordre de l'histoire mais aussi d'employer à bon escient quelques connecteurs temporels –, les enfants ont à leur disposition les photocopies en petit format des dessins symbolisant les trois grandes étapes de l'histoire. Ils ont également à leur disposition une bande de papier sur laquelle le code de lecture est indiqué : un point pour le début et une flèche pour le sens.

• **Justification** : Les enfants manipulent librement les cartes puis les positionnent sans les coller sur la bande de papier. Avant de procéder à cette ultime étape, ils sont invités par l'enseignant à justifier l'ordre en utilisant les connecteurs « avant » et « après ».

Rôle de l'enseignant

• Veiller à faire justifier l'ordre chronologique proposé.
• Aider les enfants en difficulté à trouver des indices sur les images.

Observables comme outils d'évaluation positive

• L'enfant est capable de prendre des indices sur les images afin de justifier l'ordre.
• Il est capable de ranger les images en respectant l'ordre et le code (début et sens).
• Il est capable d'utiliser les connecteurs temporels « avant » et « après ».

Traces

Dans le cahier de liaison avec la famille, coller la bande dessinée obtenue. Procéder de la même manière tout au long de l'année avec d'autres histoires. Utiliser régulièrement ces traces pour demander aux enfants de raconter les histoires matérialisées. Inviter les parents à procéder de même.

Variables didactiques

• Limiter le nombre d'images (deux au lieu de trois) : on travaille la notion de début et de fin, d'avant et d'après.
• Positionner une image : soit au début, au milieu ou à la fin, l'enfant plaçant les deux autres.
• Aider l'enfant à prendre des indices sur les images (poubelle, camion, décorations).

Prolongement de la séquence

Ouverture vers une autre discipline

Agir, s'exprimer, comprendre à travers l'activité physique

- Mettre dans l'ordre chronologique trois photographies prises lors d'une séance d'EPS.
- Respecter l'ordre de passage dans trois ateliers différents.

Explorer le monde : utiliser, fabriquer, manipuler des objets

Respecter les trois étapes d'une fiche technique.

Mobiliser le langage dans toutes ses dimensions

Énoncer les trois étapes d'une recette de cuisine.

Transfert de compétences

Effectuer le même travail avec d'autres contes, par exemple :

- Natha Caputo, *Roule galette*, Père Castor-Flammarion, 2017 (nouvelle édition).
- Pierre Delye, Cécile Hudrisier, *La petite poule rousse*, Didier Jeunesse, 2007.

Exemple de bande dessinée à remettre dans l'ordre chronologique

Source : Pierre Delye et Cécile Hudrisier, *La petite poule rousse*, Didier Jeunesse, Paris, 2007, dessins : Marc Loison.

Séquence n° 3

Maîtriser les marques temporelles et chronologiques (PS)

• Séance filée : Les images séquentielles

Description de la séquence

Objectifs du domaine d'apprentissage

• Consolider la notion de chronologie.
• Utiliser des images séquentielles pour saisir les notions de début, de déroulement et de fin (avant, pendant, après).

Attendus de fin de cycle

• Ordonner une suite de photographies ou d'images.
• Utiliser des marqueurs temporels adaptés dans des récits, descriptions ou explications.

Critères observables

Savoir utiliser correctement les **marques temporelles et chronologiques** :
• avant ;
• ensuite ;
• après.

Objectifs langagiers

• **Utiliser** dans des phrases plus ou moins construites les **connecteurs** « **avant** » **et** « **après** ».
• **Justifier** sa réponse.

Préparation organisationnelle, matérielle et spatiale de la classe

Organisation de la classe

Celle-ci sera fonction du jeu proposé : soit travail individuel ou atelier dirigé (jeu de cartes), soit travail collectif (histoires à écouter, narration de moments de classe vécus).

Matériel

- Fiches bristol
- Images extraites d'albums
- Photographies de moments ou de temps de la journée de classe pour la fabrication de quelques jeux de cartes
- Magnétophone

Aménagement et/ou utilisation de l'espace

Travail collectif dans la zone de regroupement face au tableau.
Travail individuel sur table. Travail en ateliers.

Séance filée
Les images séquentielles

Description de la séance

10 minutes.

• Nous proposons ci-dessous une succession de jeux ou d'histoires à raconter ou à écouter qui ponctueront chaque séance. Bien évidemment, l'enseignant ne proposera qu'une activité par séance, deux tout au plus, par exemple un jeu de mémoire puis une histoire à raconter ou à écouter.

• **Jeux de mémoire simples** : Il s'agit de fabriquer des séries de deux cartes. Chaque série comporte un début et une fin : fleur épanouie, fleur fanée par exemple. Les cartes sont retournées sur la table. Il s'agit de reconstituer les paires. Durant cette activité, l'enseignant incitera les enfants à s'exprimer et à justifier la constitution des paires proposées. Ce sera l'occasion de leur faire employer le vocabulaire approprié situant les deux actions dans le temps (avant, après). Systématiquement, l'enseignant reformulera et fera répéter des phrases simples du type : « Avant, le sapin n'a pas de boules » ; « Après, le sapin a des boules ».

• **Jeux de mémoire plus difficiles** : Cette activité est à proposer aux enfants maîtrisant un peu mieux la succession d'images séquentielles. Si l'enseignant ne dispose pas d'images séquentielles toutes prêtes, il en fabriquera deux séries de trois abordant toutefois des thèmes très différents de manière à favoriser la mise en ordre : par exemple les étapes de la décoration du sapin de Noël ; la croissance d'un animal ; les activités d'une matinée de classe. Toutes les images sont retournées sur la table. Le but est de reconstituer les deux histoires dans l'ordre chronologique. L'enseignant, là aussi, invitera les enfants à utiliser, dans des phrases plus ou moins construites, les connecteurs « avant » et « après ».

• **Histoires à raconter** : L'enseignant met à disposition des enfants deux paquets de cartes proposant soit des « débuts », soit des « fins » d'histoire. Les cartes étant rangées dans le même ordre sur les deux piles (par exemple le début de *Roule galette* et la fin de *Roule galette* en première position dans chaque pile), les enfants tirent au sort une carte de « début » et une carte de « fin ». Ils doivent alors ranger les deux images dans l'ordre chronologique et construire une phrase simple employant soit le connecteur temporel « avant », soit le connecteur temporel « après ». Éventuellement, en fin d'année, on pourra envisager de faire inventer une étape intermédiaire et utiliser là aussi à bon escient les connecteurs temporels « avant » et « après ».

• **Histoires à écouter** : Lors de la lecture d'un conte, l'enseignant prendra la précaution de procéder à son enregistrement. Lorsque les enfants connaissent bien l'histoire, l'enseignant déclenche l'écoute à un moment donné. Les enfants doivent indiquer s'il s'agit du début, du milieu ou de la fin en justifiant leur réponse et en employant dans une phrase construite les connecteurs temporels « avant » et « après ». L'enseignant, en cas de difficultés, reformulera là encore et fera répéter la phrase.

• **Moments vécus** : L'enseignant photographiera différents temps ou moments de la journée de classe (accueil, rituels, etc.) mais aussi des moments forts (la galette des rois entière, la galette des rois entamée, un enfant avec une couronne sur la tête). Les photographies sont dans le désordre. Les enfants doivent les remettre dans l'ordre chronologique en utilisant à bon escient les connecteurs temporels.

Rôle de l'enseignant

- En cas de difficulté d'un enfant à oraliser, veiller à énoncer une phrase correcte (modélisation) et à la lui faire répéter.
- Profiter de toutes les opportunités pour mettre en place des jeux de paroles.
- Le cas échéant, afin de lever les dernières difficultés, privilégier la dernière activité relative aux moments vécus (côté affectif).

Observables comme outils d'évaluation positive

- L'enfant est capable de ranger dans l'ordre deux, voire trois, images.
- L'enfant est capable de construire une phrase simple comportant soit le connecteur « avant », soit le connecteur « après ».
- L'enfant est capable de justifier sa réponse.

Traces

Les différents jeux de cartes sont mis à la disposition des enfants dans le coin lecture ou bibliothèque.

Variables didactiques

- Réciter sous forme de comptine le déroulement de l'histoire.
- Faire inventer une étape intermédiaire.
- Varier le nombre de cartes (deux, puis trois).

Prolongement de la séquence

Ouverture vers une autre discipline

Mobiliser le langage dans toutes ses dimensions

Rappeler verbalement les activités qui viennent de se dérouler dans la classe (livre de vie, correspondance scolaire).

Explorer le monde. Découvrir le monde vivant

Les étapes de croissance de la plante, d'un animal.

Explorer le monde

Utiliser, fabriquer, manipuler des objets. Les étapes d'une fiche technique ou d'une recette.

Transfert de compétences

- Raconter différents événements survenus en classe ou à la maison.
- Raconter des histoires et des contes.

Exemple d'images séquentielles à ranger dans l'ordre chronologique

Source : Natha Caputo, *Roule galette*, Père Castor-Flammarion, Paris, 2017 (nouvelle édition), dessins : Marc Loison.

10

Se repérer dans l'espace

Séquence 1 : Vivre l'espace 179

Séance filée n° 1 Je me déplace dans la classe et dans l'école 181

Séance filée n° 2 Je me déplace dans un espace avec un objet 183

Séance filée n° 3 Je me déplace dans l'espace avec une contrainte 185

Séance filée n° 4 Je me déplace dans l'espace avec un objet et une contrainte 187

Séquence 2 : Commencer à concevoir l'espace : l'identifier et le décrire 189

Séance n° 1 Découvrons les photos 190

Séance n° 2 L'album écho 192

Séquence 3 : Explorer l'espace graphique et produire quelques traces 194

Séance filée Explorer un espace graphique 196

Ève Santhune

Séquence n° 1

Vivre l'espace

*Cette séquence pourra se déployer tout au long de l'année, grâce à des séances filées qui amènent les élèves à atteindre les objectifs visés. Elle est fortement liée aux autres domaines d'apprentissage en particulier Agir, s'exprimer et comprendre à travers les activités physiques. Chez les TPS/PS, la perception de l'espace est liée à l'**action motrice**, à la connaissance de son propre **schéma corporel** et au **langage**.*

- Séance filée n° 1 : **Je me déplace dans la classe et dans l'école**
- Séance filée n° 2 : **Je me déplace dans un espace avec un objet**
- Séance filée n° 3 : **Je me déplace dans l'espace avec une contrainte**
- Séance filée n° 4 : **Je me déplace dans l'espace avec un objet et une contrainte**

Description de la séquence

Objectifs du domaine d'apprentissage

- Faire l'expérience de l'espace.
- Se situer dans l'espace de la classe et de l'école.
- Mémoriser, comprendre et utiliser le vocabulaire spatial.
- Verbaliser les déplacements.

Attendus de fin de cycle

- Situer des objets par rapport à soi, entre eux, par rapport à des objets repères.
- Dans un environnement bien connu, réaliser le trajet, un parcours à partir de sa représentation (dessin codage).
- Utiliser des marqueurs spatiaux adaptés (« devant », « derrière », « droite », « gauche », « dessus », « dessous »...) dans des récits, descriptions ou explications.

Critères observables

- Se repérer dans l'espace de la classe.
- Identifier les espaces communs et s'y déplacer.
- Se déplacer en respectant des règles et des consignes.
- Utiliser des locutions spatiales.

Objectifs langagiers

- Oser entrer en communication avec l'adulte et ses pairs.
- Comprendre le vocabulaire spatial dans une consigne.
- Utiliser le vocabulaire spatial « sous »/« sur », « dans »/« dehors » dans des phrases simples (« je suis sur le banc » par exemple).

Préparation organisationnelle de l'espace, matérielle et spatiale

	Organisation de l'espace	Matériel
Séance n° 1	Pas d'organisation particulière, situations ordinaires liées à la vie de classe ou d'école	Photographies Affichages
Séance n° 2	Salle de motricité ou espaces extérieurs peu vastes (sécurisant)	Cartons Ballons Foulards ou tissus Balles Coussins Cartes référents
Séance n° 3	Salle de motricité	Gros matériel (banc, tapis, poutre souple, cerceaux, pas japonais...)
Séance n° 4	Salle de motricité	Petit matériel de motricité (ballons, balles lestées, anneaux...) Cerceaux ou grands contenants (caisses des déménageurs)

Exemple de cartes référents

Dessins : Axel Santhune.

Séance filée n° 1
Je me déplace dans la classe et dans l'école

Déroulement de la séance

Séance filée, liée aux activités de classe, particulièrement en première période.

Étape 1. **Repérer les espaces de la classe.**

• Dès la rentrée, il est nécessaire que les enfants puissent identifier les différents espaces aménagés de la classe : le coin regroupement, les coins jeux, les coins particuliers (peinture, bibliothèque...). Cet apprentissage s'effectue dans les situations quotidiennes de la vie de la classe, l'enfant y apprend à dire où il est, où il va, ce qu'on y fait, ce qu'on y trouve.
• Pour aider l'enfant à s'approprier les lieux et à en identifier les règles et le fonctionnement, l'enseignant aménage les espaces. Il associe les enfants à son rangement.
• À partir des photos des enfants dans les différents espaces de la classe, l'enseignant les fait décrire ces espaces et dire ce qu'on y fait. Ces photos pourront servir d'affichage (panneau) pour localiser le coin correspondant.

Étape 2. **Identifier les espaces de l'école.**

• L'enfant doit pouvoir identifier son portemanteau, son lit dans le dortoir, les rangements individuels, les toilettes, la cour...
• L'enseignant verbalise lors de tous les déplacements : « Nous allons dans la salle de sport, nous passons dans le couloir... à côté des portemanteaux... »
• Les espaces personnels sont identifiés : avec le prénom de l'enfant qui sera accompagné dans un premier temps par une photographie de l'élève.

Étape 3. **Activités complémentaires.**

• En regroupement, l'enseignant dévoile un objet. Les enfants ont à le nommer et indiquer où cet objet doit être rangé.
• Jeu du type « cache-cache » : un objet est caché. Il faut le retrouver à l'aide de la photo de l'endroit de sa cachette puis sans support visuel avec consigne orale.

Rôle de l'enseignant

- Aménager des espaces en les délimitant, les identifiant explicitement.
- Verbaliser, nommer, décrire.
- Faire verbaliser, nommer, décrire.

Observable comme outil d'évaluation positive

L'enfant sait identifier les espaces de la classe et de l'école, s'y rend sur consigne, les nomme, les décrit.

Traces

- Photographies.
- Affichages d'identification des espaces personnels et collectifs.

Variables didactiques

- Pour les très petits parleurs, la verbalisation de l'enseignant est nécessaire.
- Dans l'affichage de l'emploi du temps, lier les activités aux temps spécifiques : « Après la récréation, nous allons dans la salle de motricité. »

Séance filée n° 2
Je me déplace dans un espace avec un objet

Description de la séance

20 minutes.

Étape 1. **Activité de découverte.**

• En salle de motricité, les enfants ont à leur disposition des objets choisis par l'enseignant.

• Les objets sont choisis en fonction de leur forme, leur grandeur, les utilisations qu'ils vont induire chez les enfants. Cette première étape est dite de découverte libre du matériel. Chaque enfant agit et est invité à verbaliser l'action effectuée ou cette verbalisation est effectuée par l'enseignant.

Étape 2. **Activité de structuration.**

Lors de cette étape, les élèves sont invités à imiter ou explorer les actions des autres. L'enseignant met en mots et fait verbaliser. Par exemple, lors de la séance, avec les cartons, il verbalise « Margot est dans son carton » et incite chacun à se mettre dans son carton... De la même manière, lors de la séance avec les foulards, il fera remarquer : « Le foulard est sur la tête. »

Étape 3. **Structuration et institutionnalisation individuelle.**

Dans la classe, au coin moteur ou dans la salle de motricité, l'enfant réinvestit les activités collectives. Ce temps peut se faire en petits groupes. L'enseignant verbalise et fait verbaliser durant l'action. Des référents sont introduits dans cette phase.

Rôle de l'enseignant

- Privilégier les activités de désignation en action.
- Verbaliser les actions en insistant sur le vocabulaire spatial.
- Accompagner la verbalisation d'une aide visuelle.
- Reformuler et parler de manière modélisante.

Observables comme outils d'évaluation positive

- L'enfant est capable de prendre une position désignée par l'enseignant.
- Il est capable de désigner sa position par rapport à un objet (« je suis dans le carton »).
- Il est capable de désigner la position de l'objet par rapport à lui (« le foulard est sur ma tête »).

Traces

- Photographies des enfants individuellement et à plusieurs en action (photos qui seront réinvesties lors de la séquence 2).
- Référents.

Variables didactiques

- Pour les enfants plus petits parleurs, privilégier les relations duelles ou en petits groupes.
- Réinvestir des actions avec le petit matériel dans le coin moteur de la classe.
- Réaliser un imagier à l'aide des photographies (imagier du matériel, imagier des positions...).
- Réinvestir le vocabulaire en manipulant des poupées ou des doudous avec des petites boîtes (« mettre le doudou dans la boîte »).

Séance filée n° 3
Je me déplace dans l'espace avec une contrainte

Description de la séance

20 minutes.

Étape 1. Situation de découverte.

- L'enseignant a aménagé un espace en salle de motricité.
- L'élève découvre le parcours ou l'espace dans lequel il va évoluer. Ici le matériel sert de repère ou d'obstacle. Il explore alors différentes actions possibles dans les espaces différents. Il peut se placer dans le cerceau ou passer autour, ramper sous le banc ou marcher sur le banc...

Étape 2. Situation de structuration : contraintes d'espace et orientation des déplacements.

- En réception, l'enseignant décrit un parcours et les élèves le réalisent.
- Dans cette étape, l'enfant doit suivre le parcours et agir dans un espace défini en utilisant des indices spatiaux. « Je dois passer de... à..., sous le banc..., dans le tunnel... »
- Il est nécessaire de garder le même aménagement pendant plusieurs séances afin de favoriser la mémorisation et la remémoration.

Étape 3. Situation de réinvestissement en situation.

- L'enfant choisit un atelier ou un parcours et l'enseignant lui fait verbaliser son déplacement.
- Les enfants sont par deux. L'un passe la consigne à l'autre.

Rôle de l'enseignant

- Aménager les espaces moteurs (sécurisés et sécurisant).
- Verbaliser les actions en privilégiant le vocabulaire spatial.
- Mettre en mots les relations topologiques vécues par les enfants.
- Faire verbaliser les élèves durant l'action.

Observables comme outils d'évaluation positive

- L'enfant est capable d'agir en fonction d'une consigne d'ordre spatial.
- Il est capable de verbaliser sa position dans l'espace dans l'action.
- Il est capable de passer d'une consigne simple à une autre.

Traces

Photos.

Variables didactiques

- Pour aider les élèves à se repérer, un point de départ et un point d'arrivée peuvent être matérialisés par des cerceaux de couleur.
- Certains élèves ne connaissent pas encore les noms des couleurs. L'enseignant leur donnera une chasuble ou un foulard de la couleur correspondante.
- Pour les élèves en difficulté, une aide visuelle pour la compréhension des consignes sera proposée.

Séance filée n° 4
Je me déplace dans l'espace avec un objet et une contrainte

Description de la séance

20 minutes.

Étape 1. Le jeu des déménageurs.

• Les enfants ont déjà manipulé les objets, lors des séances précédentes.
• Dans cette séance, le déplacement de l'objet est orienté dans l'espace. L'espace sera constitué de plusieurs zones contenant des objets divers et des zones de déménagement. L'enseignant veillera à ce que ces zones soient très facilement repérées.
• Pour éviter les accidents, lors des déplacements qui seront peu orientés au début, il sera nécessaire de bien penser cet aménagement.

Étape 2. Remplir la maison.

Une maison est matérialisée par quatre bancs par exemple. L'enseignant est dans la maison. Les enfants doivent remplir la maison avec les objets mis à leur disposition (utiliser des objets souples pour cette étape). L'enseignant vide la maison au fur et à mesure.

Étape 3. Déménager plusieurs maisons.

Les élèves apportent les objets dans une cible (boîte, cartons...) en tenant compte de ses caractéristiques :
• Apporter les objets de couleur dans la boîte de la couleur correspondante.
• Apporter le même type d'objets dans la même boîte.

Rôle de l'enseignant

• Aménager un espace sécurisant et dont les repères sont identifiables.
• Observer les enfants.
• Aider à prendre des informations sur l'espace et ses déplacements.

Observables comme outils d'évaluation positive

• L'enfant utilise et différencie dedans/dehors.
• Il s'oriente dans l'espace et identifie la cible.

Traces

Photographies.

Variables didactiques

• Varier le nombre d'enfants, le matériel (type d'objets, nombre), la cible (taille, emplacement, nombre), la durée de jeu.
• Complexifier les situations en mettant des obstacles à franchir.
• Favoriser la coopération en utilisant des gros objets qui ne peuvent être déplacés qu'à plusieurs.

Prolongement de la séquence

Ouverture vers une autre discipline

Mobiliser le langage dans toutes ses dimensions

• Rappeler verbalement les activités qui se sont déroulées et les lieux investis.
• Langage en situation : verbaliser les actions dans les activités de la classe (Je pose sur..., la poupée est sous...).
• Connaître le vocabulaire en réception et en production : jeux de topologie (« Je mets le doudou dans une boîte »).

Agir, s'exprimer et comprendre à travers l'activité physique

• Collaborer, coopérer, s'opposer.
• Passer du jeu « en parallèle » au jeu « coopératif »[1].
• Tendre vers un jeu collectif en faisant plusieurs équipes.

Transfert de compétences

Cette séquence place le langage pendant l'action, elle doit être complétée par une mise à distance : voir la séquence 2.

Photographie : M. Pawlak.

1. Ressources maternelle, « Agir, s'exprimer, comprendre à travers l'activité physique ». Objectif 4 : collaborer, coopérer, s'opposer. Septembre 2015. http://eduscol.education.fr/ressources-maternelle

Séquence n° 2

Commencer à concevoir l'espace : l'identifier et le décrire

- Séance n° 1 : **Découvrons les photos**
- Séance n° 2 : **L'album écho**

Description de la séquence

Objectifs du domaine d'apprentissage

- Nommer, décrire et situer en utilisant le vocabulaire spatial après celui de l'action.
- Reconnaître des représentations d'espaces connus.

Attendus de fin de cycle

- Situer des objets par rapport à soi, entre eux, par rapport à des objets repères.
- Se situer par rapport à d'autres, par rapport à des objets repères.
- Utiliser des marqueurs spatiaux adaptés (« devant », « derrière », « droite », « gauche », « dessus », « dessous »...) dans des récits, descriptions ou explications.

Critères observables

- Utiliser des locutions spatiales, en particulier celles fondées sur les oppositions : « sur »/« sous », « dedans »/« dehors », « à côté de »/« loin de ».
- Reconnaître des représentations d'espaces connus.
- Décrire des positions dans l'espace.

Objectifs langagiers

- Utiliser le vocabulaire relatif à l'espace après l'action.
- Nommer des actions.

Préparation organisationnelle de l'espace, matérielle et spatiale

	Organisation	Matériel
Séance n° 1	Individuel	Album individuel de photos par enfant (quatre à cinq photos)
Séance n° 2	Petits groupes TBI ou VPI quand ce matériel est disponible pour un format plus grand	Album collectif (sept à huit photos)

Séance n° 1
Découvrons les photos

Description de la séance

15 à 20 minutes.

Étape 1. Phase de découverte et description.

• Pour cette séance, l'enseignant a collecté, lors des séances de motricité, des photos des enfants en action et a réalisé un album individuel pour chaque enfant. Chaque album comporte entre quatre et cinq photos du même enfant.
• Il s'agit de faire parler l'enfant à partir des photographies sur lesquelles il est en action. Il faut veiller à laisser à l'enfant du temps pour observer et le laisser s'exprimer librement.
• L'élève est questionné pour stimuler la production : « Où es-tu ? », « Sur quel objet es-tu ? »

Étape 2. Phase de structuration par le langage.

L'enseignant élabore un discours en reprenant les propositions spontanées de l'enfant. Il écrit sous la photo.

Étape 3. Phase d'entraînement.

• Cette séance peut être réalisée plusieurs fois durant la période 2. Ceci permettra aux élèves de s'entraîner à s'exprimer, à faire des phrases sur la base de photographies prises lors des séances de motricité. Les séances sont alors réalisées avec des photographies différentes : par exemple, des photographies d'une séance de rondes et jeux dansés ; des photographies d'une séance de découverte du petit matériel.
• L'album personnel de l'élève est laissé à sa disposition. Il peut le reprendre régulièrement pour reformuler, raconter à l'adulte, à ses camarades, en autonomie mais aussi à sa famille.

Rôle de l'enseignant

• Privilégier une relation duelle donc penser à aménager l'emploi du temps pour favoriser un climat propice à cet échange (certains utilisent les temps d'atelier ou du temps d'accueil).
• Questionner l'élève pour favoriser la prise de parole.
• Reformuler les propositions spontanées.
• Permettre aux parents de consulter l'album avec l'enfant et/ou en autoriser l'emprunt.

Observables comme outils d'évaluation positive

- L'enfant est capable de décrire l'image, même en utilisant quelques mots.
- Il est capable d'indiquer sa position par rapport à un objet.
- Il est capable d'indiquer la position d'un objet par rapport à lui.

Traces

Albums écho individuels annotés.

Variables didactiques

- L'enseignant demande aux élèves peu parleurs de reconnaître et nommer le matériel de motricité présent sur les photographies. Ceci dans un premier temps afin qu'ils osent davantage lors du prochain atelier de langage.
- Accentuer la difficulté. Demander aux élèves de décrire plus de photographies, stimuler davantage les « bons parleurs » en leur demandant d'aller plus loin dans leur description, d'être plus précis.

Séance n° 2
L'album écho

Description de la séance

15 à 20 minutes.

Étape 1. Découverte des photos en petit groupe.

• Des albums composés de différentes photos des enfants de la classe ont été préparés par l'enseignant. Ils comportent jusqu'à sept photos. Si la classe possède un moyen de projection (vidéo-projecteur, TBI...), les photos peuvent être projetées pour un meilleur format.
• Cette phase laisse aux enfants le temps de découvrir ces photos.

Étape 2. Structuration.

Le groupe commente les photos. Les enfants sont amenés à utiliser différents pronoms puisque tour à tour ils parleront d'eux, d'autres enfants ou d'un groupe. L'enseignant reformule, questionne, précise. Privilégier l'utilisation des termes par paires : les opposés (devant/derrière...).

Étape 3. Réinvestissement.

Des petits jeux sont mis en place :
• L'enseignant lit un passage du livre, les enfants cherchent la page qui correspond dans l'album.
• L'enseignant invite les enfants à mimer l'action. Il peut mettre à disposition des figurines à manipuler pour reproduire l'action.

Rôle de l'enseignant

• Organiser un mode de fonctionnement du groupe permettant à chaque enfant de s'exprimer.
• Questionner et reformuler les descriptions (parlé modélisant).

Observables comme outils d'évaluation positive

• L'enfant est capable de décrire l'image même en utilisant quelques mots.
• Il est capable d'indiquer sa position par rapport à un objet ou celle de ses camarades.
• Il est capable d'indiquer la position d'un objet par rapport à lui ou par rapport aux autres.

Traces

Album écho de la classe annoté.

Variables didactiques

Ce sont les mêmes que pour la séance n° 1.

Prolongement de la séquence

Ouverture vers une autre discipline

Mobiliser le langage dans toutes ses dimensions

La pratique d'ateliers de langage est essentielle au développement des compétences langagières des enfants et « la capacité à entrer dans un échange et à pratiquer les règles propres aux échanges en milieu collectif [...] indispensable pour investir son rôle d'élève »[1].

Agir, s'exprimer, comprendre à travers les activités artistiques et explorer le monde

Réaliser des albums durant les activités artistiques et « scientifiques » afin de dégager des répertoires d'actions plastiques et d'exploration.

Transfert de compétences

- Réinvestir le vocabulaire pour décrire la position des personnages ou des objets dans d'autres activités (dans les coins jeux, à partir d'albums ou d'imagiers...).
- Atelier dirigé : réutiliser les notions spatiales (jeux de topologie).

1. Ressources maternelle, « Mobiliser le langage dans toutes ses dimensions », Partie I : L'oral, texte de cadrage, http://eduscol.education.fr/ressources-maternelle

Séquence n° 3

Explorer l'espace graphique et produire quelques traces

Cette séquence est liée aux activités artistiques et de graphisme. Il est nécessaire de favoriser l'espace perçu par le corps dans un premier temps.

- Séance filée : **Explorer un espace graphique**

Description de la séquence

Objectifs du domaine d'apprentissage

- Se repérer sur un support et utiliser le vocabulaire usuel (haut et bas).
- Limiter et préciser son geste dans l'espace.
- Réaliser des trajectoires.
- Découvrir des organisations.

Attendus de fin de cycle

Orienter et utiliser correctement une feuille de papier, un livre ou un autre support d'écrit, en fonction de consignes, d'un but ou d'un projet précis.

Critères observables

- Se repérer dans une page ou un support.
- Utiliser le vocabulaire haut/bas.

Objectifs langagiers

- Verbaliser et décrire les actions.
- Observer les traces et les effets produits et les verbaliser.

Préparation organisationnelle, matérielle et spatiale de la classe

Organisation de la classe

La mise en place d'ateliers pour chaque étape de la séance permet de travailler avec des petits groupes qui faciliteront la prise de parole, la mise en mots et les interactions.

Matériel

Piste graphique, tableau, rouleau de papier fixé sur le mur, chevalet, outils et médiums variés, objets divers à faire rouler, pour tamponner, pour tracer...

Aménagement et/ou utilisation de l'espace

- La mise en place d'un coin « graphisme »/arts permet aux élèves d'y avoir accès en dehors du temps d'atelier.
- Un coin manipulation complète les temps d'atelier en donnant accès à du matériel manipulable : alignement d'objets, tracés dans la farine, abaques et grosses perles.

Séance filée
Explorer un espace graphique

Description de la séance

20 minutes.

Étape 1. Produire des tracés.

• Cette étape est celle des premiers essais, gribouillages. Le choix des supports est important : privilégier des supports de grand format (grandes pistes graphiques par exemple). Cette étape répond au besoin des enfants de laisser des traces sur différents supports et outils. Cette production se réalise seul ou à plusieurs.
• Il s'agit de passer du gribouillage sans intention à des tracés intentionnels et choisis.
• L'enseignant complète cette phase, en proposant aux enfants des activités leur permettant de laisser des traces dans, sur, avec différents supports et des matières différentes : semoule, sable, farine, pâte à modeler...

Étape 2. Explorer un espace.

L'enfant réalise des empreintes. Il est amené à utiliser tout l'espace pour le couvrir, le saturer. L'enseignant met à sa disposition des tampons, des rouleaux...

Étape 3. Réaliser des trajectoires.

L'enfant laisse des traces en se déplaçant ou en déplaçant des objets. Il apprend à gérer l'espace en organisant des directions. Par exemple, il fait rouler une petite voiture dans la peinture puis sur une feuille. Les supports conçus par l'enseignant doivent progressivement lui permettre de travailler sur les positions relatives : passer autour, suivre, relier...

Étape 4. Découvrir des organisations spatiales.

Des ateliers de manipulation (type cubes, petites figurines...) suivis d'ateliers graphiques permettent de découvrir et concevoir des organisations spatiales : disperser, rassembler, aligner...

Rôle de l'enseignant

- Verbaliser et faire verbaliser : « dire le faire ».
- Nommer les formes, les gestes et les directions.
- Permettre un retour plus distancié sur ce que l'enfant a fait et comment il a fait.
- Favoriser la mémorisation et la remémoration.

Observables comme outils d'évaluation positive

- L'enfant sait occuper un espace par des tracés ou des traces.
- Il affine son geste pour varier et contrôler ses trajectoires.
- Il produit des tracés dans un espace de plus en plus limité.

Traces

- Photos des productions, des outils...
- Répertoire/imagier des différentes productions et effets produits.

Variables didactiques

- Penser à travailler les gestes en séance de motricité.
- Par ailleurs, l'utilisation d'un support musical aide le jeune enfant à amplifier le geste.
- Permettre aux enfants d'agir dans différentes positions : debout, assis, accroupis.
- Varier la disposition du support : verticale, oblique, horizontale.
- Varier le format : de l'affiche au timbre.
- Varier les formes : ronde, rectangulaire.

Prolongement de la séquence

Ouverture vers une autre discipline

Mobiliser le langage dans toutes ses dimensions

- Raconter un événement vécu, nommer, énumérer, décrire, comparer, demander, commenter une action ;
- proposer des imagiers.

Transfert de compétences

- S'exercer : ce qui implique avoir accès à des supports et des outils (coin à prévoir dans la classe).
- Utiliser le jeu : aligner, emboîter, paver...
- Aménager un coin bibliothèque de classe pour permettre aux élèves de manipuler et orienter correctement les supports de l'écrit. Y installer des ouvrages variés (imagiers, albums...).

11

Découvrir le monde du vivant

Séquence : Découvrir les cinq sens 199

Séance n° 2 : Écouter les bruits familiers 202

Séance n° 3 : Tâter pieds nus, les yeux fermés 204

Séance n° 4 : Les boîtes à toucher 205

Séance n° 5 : L'atelier goût 207

Séance n° 6 : Le nez et les odeurs 209

Valérie Bouquillon
(et Didier Malafosse pour la première version de la séquence)

Séquence

Découvrir les cinq sens[1]

Cette séquence est en lien avec la séquence « Utiliser la loupe » du chapitre 13 « Utiliser, fabriquer, manipuler des objet » dont « Utiliser la loupe de manière adaptée » peut constituer ici une première séance.

- Séance n° 2 : **Écouter les bruits familiers**
- Séance n° 3 : **Tâter pieds nus, les yeux fermés**
- Séance n° 4 : **Les boîtes à toucher**
- Séance n° 5 : **L'atelier goût**
- Séance n° 6 : **Le nez et les odeurs**

Description de la séquence

Objectifs du domaine d'apprentissage

- Apprendre à mieux connaître et maîtriser son corps.
- Les enfants enrichissent leurs aptitudes sensorielles, s'en servent pour distinguer des réalités différentes selon leurs caractéristiques olfactives, gustatives, tactiles, auditives et visuelles.

Attendus de fin de cycle

Situer et nommer les différentes parties du corps humain, sur soi ou sur une représentation.

Critères observables

- Prendre conscience que l'on perçoit son environnement par plusieurs « canaux » : l'ouïe, la vue, l'odorat, le goût et le toucher.
- Situer quelques parties du corps sur soi et sur une représentation.
- Être capable de verbaliser ses impressions, ses ressentis.

Objectifs langagiers

- Savoir nommer les différentes parties de son corps sur soi et sur la silhouette des cinq sens, et les organes (bouche, nez, etc.)...
- Mettre en mots ses ressentis lors des explorations sensorielles.
- Utiliser à bon escient le vocabulaire relatif à chaque sens.

---

1. Cette séquence a été élaborée conjointement avec Didier Malafosse pour la première version des ouvrages.

Préparation organisationnelle, matérielle et spatiale de la classe

Organisation de la classe

Alternance travail en petits groupes (quatre à six élèves) en activité libre d'exploration ou en atelier d'apprentissage dirigé par l'enseignant.

Aménagement et/ou utilisation de l'espace

Un espace « découverte » ou « coin sciences » sera aménagé au sein de la classe. Il peut être permanent ou temporaire.
L'aménagement de cet « espace dédié » permettra à l'enseignant de mener les différents ateliers d'apprentissage en groupes restreints mais aussi aux enfants d'explorer librement le matériel et de réinvestir les apprentissages conduits lors de la séquence sur les cinq sens.
L'enseignant pourra dans cet espace :

- préparer une séance en laissant à disposition du matériel pour une exploration libre ;
- proposer des prolongements pour chaque sens exploré dans les différentes séances ;
- laisser les enfants fréquenter cet espace en autonome, lors des plages libres de l'emploi du temps pour réinvestir les apprentissages conduits.

Cette mise à disposition libre de l'espace à différents moments de la journée ou de la semaine permettra à l'enseignant d'observer les aptitudes, les actions, les initiatives des enfants afin de renseigner leurs carnets de suivi des apprentissages. Cette observation est au service de l'évaluation comme le préconise le programme de l'école maternelle.

Matériel

Séance n° 1 : la vue

Voir chapitre 13, séance « Utiliser la loupe de manière adaptée ».

Séance n°2 : l'ouïe

Un lecteur de CD et un rétroprojecteur ou des images en grand format.
Des extraits sonores très courts (environ 10 secondes) reproduisant quelques bruits très familiers des enfants : bruits de la maison (aspirateur), de la rue (voiture, camion, moto, klaxon, chant d'un oiseau, chien qui aboie...), le bruit de l'école (le son du tambourin utilisé dans la salle de motricité, le bruit de l'eau du robinet qui coule, des chasses d'eau de la salle d'hygiène, des enfants qui jouent à la récréation...). L'enseignant sélectionnera quatre bruits très familiers des enfants.
Un lot d'images (photos ou dessins) illustrant les bruits.

Séance n° 3 : le toucher (avec les pieds)

Des revêtements de sol de matières différentes : un morceau de lino (ou une toile cirée), de la moquette douce, de la moquette à grosses boucles, un tapis à poils courts, un grand paillasson d'extérieur, un morceau de parquet flottant, un carrelage, des petits galets ronds, des feuilles...

Matériel (suite)

Séance n° 4 : le toucher (avec les mains)

Quatre boîtes de couleurs différentes, avec couvercle, et possédant une ouverture pour pouvoir passer la main (type boîte à chaussures ou boîte de lessive).
Un ensemble d'objets choisis sur la base de quatre qualités tactiles et qui serviront de « modèles ».
Exemple d'objets :

- rugueux : une pierre ponce, un litchi, un morceau de papier de verre, une lime à ongles, etc. ;
- lisses : une petite balle en plastique, un bouchon en liège, un caillou rond, etc. ;
- doux : une petite balle en mousse, une craie, une petite peluche, de la laine, une boule de coton, des plumes, etc. ;
- piquants : une pomme de pin, une brosse à cheveux ou à chaussures en nylon, etc.

Chaque boîte contient quatre objets différents, un par qualité tactile. (Il est souhaitable d'écrire le contenu des boîtes sur les couvercles.)

Séance n° 5 : le goût

Une assiette avec les fruits coupés en dés par enfant : pomme, poire, banane, orange, pêche.
Une planche par enfant avec les photos ou images des fruits (il est possible de découper des images dans les catalogues ou publicités).
Des jetons de jeu.

Séance n° 6 : les odeurs

Des petites boîtes en plastique non transparentes : boîtes à tisane ou yaourts avec un couvercle percé à plusieurs endroits pour laisser l'odeur s'échapper.
Chaque boîte contient un aliment solide, liquide ou en poudre.
Chaque boîte a sa jumelle (elle contient le même aliment qu'une autre boîte).
Des aliments sélectionnés : eau, café, lait, vinaigre, chocolat en poudre, caramel liquide, jus d'orange, menthe...
Un tapis pour protéger la table. Il est souhaitable que les élèves portent un tablier.

Matériel pour la trace écrite de la séquence

- Pour conserver une trace de la séquence, l'enseignant apportera une grande silhouette fabriquée dans du carton sur laquelle seront attachées (par du velcro) les parties du corps correspondant aux sens mobilisés : les oreilles pour l'ouïe, les yeux pour la vue, la bouche pour le goût et le nez pour l'odorat, et enfin les mains et les pieds pour le toucher.
- À la fin de chaque séance de cette séquence, on peut se servir de cette silhouette, en ajoutant les yeux à la fin de la séance qui favorise l'observation visuelle, puis les oreilles après avoir étudié les bruits de l'eau, et ainsi de suite.
- Cette silhouette que l'on nommera « silhouette des cinq sens » sera complétée, à chaque fin de séance, tout au long de la séquence sensorielle.
- Des photos prises lors des différentes séances seront collées ou attachées sur la silhouette. Par exemple : une photo de la loupe, les fruits, les boîtes à odeur, les pieds nus des enfants dans la salle de motricité explorant les matières au sol, une main et le sac à toucher. Ceci afin de conserver en mémoire les apprentissages conduits.

Séance n° 2
Écouter les bruits familiers

Description de la séance

30 minutes.

Phase préalable

Au fil du temps, l'enseignant invite les enfants à être attentifs aux bruits de l'environnement proche : les bruits de l'école (robinet, chasse d'eau, récréation, porte qui se ferme, bruit des grelots que l'on utilise pour ranger la classe, bruit du tambourin de la salle de motricité...), bruits de la rue (voiture, camion, deux-roues qui passent près de l'école), un chien qui aboie, sonnerie du téléphone, aspirateur...

Étape 1. Activité d'écoute.

En demi-classe dans l'espace regroupement (les enfants ont besoin de calme pour se concentrer et être attentifs), l'enseignant procède à une première écoute des différents extraits choisis et demande aux enfants de nommer ce qu'ils viennent d'entendre.

Étape 2. Découverte et description des documents.

• L'enseignant distribue à chaque enfant un lot de quatre à cinq images. Chaque image décrit une situation évoquant un bruit (une personne qui passe l'aspirateur par exemple).
• L'enseignant fait ensuite écouter un bruit et demande aux enfants de retrouver l'image qui correspond au bruit que l'on vient d'entendre.
• Pour valider les réponses et aider les enfants à se constituer des images mentales, il procède ensuite à une seconde écoute en montrant ou en projetant une image à l'aide du vidéoprojecteur.

Étape 3. Verbalisation et structuration.

• L'enseignant demande aux enfants de décrire l'activité qu'ils viennent de vivre : « Comment avons-nous fait pour reconnaître les bruits ? »
• L'objectif est de faire émerger la nécessité :
  – de se concentrer, d'être attentif pour bien écouter ;
  – de nommer l'organe (les oreilles) pour entendre.

Cette activité s'accompagne de l'usage d'un vocabulaire précis pour expliciter ce que l'on entend, exprimer une émotion, une préférence...

Rôle de l'enseignant

- L'enseignant a un rôle d'observateur lorsque les élèves sont amenés à écouter un bruit.
- Il explique aux enfants la posture à adopter pour bien écouter.
- Il veille à solliciter tous les élèves pour qu'ils explicitent ce qu'ils entendent.

Observables comme outils d'évaluation positive

- L'enfant commence à différencier les sons et à se constituer des images mentales.
- Il prend conscience qu'il faut se concentrer pour écouter attentivement. Pour entendre, il faut être attentif. Entendre est différent d'écouter, cela demande un effort. C'est un acte volontaire. Écouter, passer d'une écoute passive à une écoute active, cela s'apprend.

Traces : Avec les enfants, l'enseignant attachera les oreilles à la silhouette des cinq sens affichée dans la classe en explicitant l'apprentissage réalisé et l'organe utilisé.

Variables didactiques

- Limiter ou augmenter le nombre d'extraits sonores.
- Sélectionner d'autres bruits proches : par exemple les différents bruits de l'eau pour proposer une nouvelle séance ayant le même objectif.

Séance n° 3
Tâter pieds nus, les yeux fermés

Description de la séance

30 minutes.

Étape 1. Phase d'exploration sensorielle libre.
Les différentes textures sont disposées dans la salle sous la forme d'un chemin. Ce chemin constituera l'un des ateliers lors de la séance de motricité. Les enfants marchent librement sur le chemin les pieds nus. L'enseignant accompagne le groupe en demandant aux enfants d'exprimer leurs ressentis.

Étape 2. Phase de verbalisation.
Les enfants se regroupent pour donner leurs impressions : « c'est doux », « ça pique », « c'est dur », « ça gratte », etc. Il faut alors les inviter à développer leur discours : « c'est doux comment ? », « ça pique comme quoi ? », « sur quel tapis préfères-tu marcher ? », « pourquoi ? », etc. Il faut aussi donner un nom à ces divers revêtements de sol : « lino », « moquette », « tapis » et « paillasson ».

Étape 3. Reconnaissance à aveugle.
Un enfant volontaire est choisi pour reconnaître, « en aveugle », les différents tapis. On lui bande les yeux, puis on le guide sur les divers revêtements de sol, en lui donnant la main. Pendant qu'il tâte avec ses pieds, qu'il donne ses impressions et essaie de nommer le support sur lequel il marche, les autres enfants, assis dans une zone bien délimitée, écoutent attentivement. On refait le même « jeu » avec tous les enfants volontaires, sans forcer ceux qui ne se sentent pas encore en confiance.

Rôle de l'enseignant

- L'enseignant encourage les enfants. Il a un rôle d'observateur lorsque les enfants explorent le chemin.
- L'enseignant veillera à solliciter tous les enfants pour qu'ils explicitent ce qu'ils ressentent.

Observables comme outils d'évaluation positive

- L'enfant est capable de reconnaître au toucher divers matériaux.
- L'enfant utilise le vocabulaire spécifique : doux/rugueux, dur/mou, chaud/froid... pour décrire les propriétés tactiles du matériau.

Traces

Pour conserver une trace de la séance, l'enseignant et les enfants attacheront les pieds à la silhouette des cinq sens affichée dans la classe en explicitant l'apprentissage réalisé et l'organe utilisé.

Variables didactiques

- Limiter ou augmenter le nombre de textures à explorer.
- Prévoir une seconde phase de découverte tactile avec d'autres revêtements de sol.
- Préciser les productions orales en utilisant le vocabulaire spécifique.

Séance n° 4
Les boîtes à toucher

Description de la séance

30 minutes.

Étape 1. Phase de rappel.

L'enseignant rappelle les séances précédentes et les sens mobilisés pendant les activités, avec utilisation de la silhouette des cinq sens pour se souvenir. Puis il présente le matériel aux enfants.

Étape 2. Phase de familiarisation.

Il faut d'abord laisser les enfants explorer librement le matériel, jouer avec les boîtes ouvertes pour éviter la « peur de l'inconnu ». Cette phase de découverte permet de rassurer ceux qui ne veulent pas mettre leur main dans la boîte fermée. La consigne est de ne pas sortir les objets des boîtes. Pendant cette phase, l'enseignant circule, observe et écoute les réactions des enfants.

Étape 3. Phase de jeu.

- Chaque enfant dispose d'une boîte fermée devant lui. L'enseignant distribue à chaque enfant un objet, avec la consigne suivante : « Touche l'objet et cherche dans ta boîte le même objet. »
- Pendant cette phase les enfants sont invités à :
  - toucher l'objet ;
  - décrire leurs sensations tactiles (exprimer ce qu'ils ressentent) ;
  - nommer l'objet ;
  - utiliser le vocabulaire spécifique (doux, rugueux, piquant, lisse).
- On procède de la même façon pour les trois autres objets. On pourra ensuite échanger les boîtes entre enfants. L'enseignant doit favoriser l'enrichissement des connaissances par une mise en commun des expériences vécues pendant l'exploration tactile.

Étape 4. Phase de verbalisation et structuration.

L'enseignant amène les enfants à décrire l'activité qu'ils viennent de vivre : « Comment avons-nous fait pour retrouver les objets dans la boîte ? » C'est l'occasion de réutiliser le vocabulaire spécifique et de nommer le sens mobilisé. On peut ensuite compléter la silhouette des cinq sens en attachant les mains.

Rôle de l'enseignant

- L'enseignant a un rôle d'observateur lorsque les élèves sont amenés à retrouver tactilement l'objet demandé.
- Il veillera à solliciter tous les élèves pour qu'ils explicitent ce qu'ils touchent.

Observables comme outils d'évaluation positive

• L'enfant commence à différencier tactilement les objets.
• L'enfant prend conscience qu'il faut se concentrer sur ce que l'on ressent pour trouver l'objet.

Traces

Avec les enfants, l'enseignant attachera à la fin de cette séance les mains à la silhouette des cinq sens affichée dans la classe en explicitant l'apprentissage réalisé et l'organe utilisé.

Variables didactiques

• La notion de « l'identique » doit être travaillée à différents moments de la classe, par exemple avec des jeux de loto, des puzzles pour que les tout-petits sachent ce que veut dire « le même objet ».
• La séance peut être reconduite plusieurs fois avec d'autres objets pour réinvestir le vocabulaire spécifique. Il est possible d'ajouter des « objets intrus » dans les boîtes. Pour complexifier la tâche, on peut ensuite proposer des objets de même qualité tactile (par exemple, choisir deux objets lisses et deux objets rugueux ou quatre objets lisses...).

Séance n° 5
L'atelier goût

Description de la séance

30 minutes.

Pendant la « semaine du goût », l'enseignant propose chaque jour un fruit différent à goûter aux enfants. Ces dégustations sont menées avec la classe entière. C'est l'occasion aussi d'aborder l'éducation à la santé et l'équilibre alimentaire. Les moments de dégustation lors d'anniversaires ou d'événements dans la classe ou l'école permettent aussi de stimuler le sens gustatif des enfants.

Étape 1. **Phase de préparation.**

L'enseignant rappelle les séances précédentes en faisant émerger les sens mobilisés (l'ouïe, la vue, le toucher, l'odorat), en utilisant la silhouette des cinq sens pour se souvenir. Il présente ensuite le matériel et l'activité.

Étape 2. **Phase d'activité.**

À l'aide d'une petite cuillère, l'enseignant distribue à chaque enfant un morceau de fruit. L'enfant goûte le morceau. S'il pense avoir reconnu le fruit, il pose un jeton sur l'image du fruit. Pour ne pas oublier de faire goûter les cinq fruits à chaque enfant, il est possible d'utiliser le tableau suivant (quand l'enseignant donne un morceau de fruit à un enfant, il coche la case en dessous de son prénom) :

Fruits/nom de l'élève	Pêche	Pomme	Poire	Banane	Orange
Pierre		X			X
Paul			X		

L'enfant reconnaîtra peut-être le fruit par sa caractéristique (par exemple : la couleur de l'orange ou la texture de la banane). Ce sera l'occasion de lui faire prendre conscience que d'autres sens, ici la vue, peuvent nous renseigner sur l'aliment avant de le goûter. On amènera les enfants à faire le lien entre les reconnaissances visuelle et gustative.

Étape 3. **Phase de verbalisation et de structuration du savoir.**

L'enseignant amène les enfants à décrire l'activité qu'ils viennent de vivre pour faire émerger le nom du sens mobilisé : « Comment avons-nous fait pour reconnaître les fruits ? » La silhouette des cinq sens est complétée en attachant la bouche. Elle peut ensuite être affichée dans la classe pour garder une trace de la séquence sensorielle.

Rôle de l'enseignant

• L'enseignant prend le rôle d'observateur pendant la séance, en contrôlant si l'élève a reconnu le goût des fruits et a rempli correctement sa planche de loto.
• L'enseignant doit amener les élèves à décrire leurs sensations gustatives (c'est croquant, c'est juteux, etc.) et à nommer les fruits.
• La sécurité des aliments/les bons gestes : il est important de se renseigner sur les allergies alimentaires des enfants avant de réaliser des dégustations. Les instructions officielles nous invitent à être très vigilants quant à l'hygiène et aux précautions à prendre lors des manipulations d'aliments. Il faut jeter le jour même les fruits non consommés.

Observable comme outil d'évaluation positive

L'enfant prend conscience qu'il faut se concentrer sur ce qu'il goûte pour trouver l'aliment.

Traces

Avec les enfants, l'enseignant attachera à la fin de cette séance la bouche à la silhouette des cinq sens affichée dans la classe en explicitant l'apprentissage réalisé et l'organe utilisé.

Variable didactique

Diminuer ou augmenter le nombre de fruits à goûter.

Séance n° 6
Le nez et les odeurs

Description de la séance

30 minutes.

Étape 1. Phase de préparation.

• Faire la séance sur le goût avant celle sur l'odorat. En effet, les différents moments de dégustation dans la classe et les ateliers cuisine sont autant d'occasions pour l'enseignant de commencer à sensibiliser les enfants à l'odeur des aliments.
• Rappel des séances précédentes et des différents sens mobilisés (l'ouïe, la vue, le toucher) en utilisant la silhouette des cinq sens pour se souvenir. Présentation du matériel et de la nouvelle activité.

Étape 2. Phase de découverte libre.

Dans un premier temps, il est nécessaire de laisser les enfants manipuler les boîtes et sentir les odeurs librement.

Étape 3. Phase d'activité.

Distribuer à chaque enfant six boîtes en donnant la consigne suivante : « Sens une boîte et essaye de retrouver la boîte qui a la même odeur. Quand tu as trouvé, tu mets les deux boîtes ensemble. » Lorsque l'enfant a constitué ses trois paires, l'enseignant peut lui distribuer six autres boîtes.

Étape 4. Phase de verbalisation et structuration.

Inciter les enfants à décrire l'activité qu'ils viennent de vivre : « Comment avons-nous fait pour retrouver les deux boîtes qui ont la même odeur ? » C'est l'occasion de nommer le sens mobilisé pour sentir. On peut ensuite compléter la silhouette des cinq sens en attachant le nez.

Rôle de l'enseignant

• Lors de la phase d'activité, l'enseignant invite les enfants à décrire leurs sensations olfactives en utilisant le vocabulaire approprié (« ça sent bon », « ça sent fort », « ça ne sent pas bon », « ça ne sent rien »). On s'attend à ce que les enfants remarquent que l'eau n'a pas d'odeur.
• L'enseignant prend le rôle d'observateur pendant la séance.

Observables comme outils d'évaluation positive

L'enfant prend conscience qu'il faut se concentrer sur sa perception pour reconnaître l'odeur.

L'évaluation s'effectue par observation pendant la séance, en vérifiant que l'élève est capable d'associer les boîtes ayant la même odeur.
Pour faciliter l'évaluation, il est préférable d'écrire sur les boîtes le nom de l'aliment ; on peut ainsi valider rapidement les réponses des enfants.

Traces
Avec les enfants, l'enseignant attachera à la fin de cette séance le nez à la silhouette des cinq sens affichée dans la classe en explicitant l'apprentissage réalisé et l'organe utilisé.

Variables didactiques
La séance peut être reconduite plusieurs fois pour les enfants qui auraient besoin de plus de temps pour reconnaître les odeurs.

Prolongement de la séquence

Chaque séance de cette séquence peut être prolongée. Pour prolonger les différentes séances, l'enseignant proposera du matériel aux enfants en exploration libre dans l'espace dédié ou lors d'ateliers en autonomie pour réinvestir les apprentissages menés.

Séance n° 1	Organisation d'une séance d'observation à la loupe (herbes, fourmis d'un terrarium…). On peut observer d'autres éléments : des graviers, des galets, du sable, des gouttes d'eau… Dans l'espace découverte de la classe, l'enseignant proposera en exploration libre puis commentée la boîte des instruments optiques : des lunettes, des jumelles, différentes loupes…
Séance n° 2	Dans le coin écoute de la classe, les enfants pourront réécouter seuls les bruits de l'eau et d'autres bruits de la vie quotidienne, de la ville, de la campagne… Reconnaître des bruits proches, par exemple les différents bruits de l'eau : l'eau du robinet, de la chasse d'eau, de la douche, de l'arrosoir… dans la nature (pluie, torrent, cascade, mer…).
Séance n° 3	En salle de motricité, un atelier pour toucher avec les pieds sera proposé. Cet atelier sera aménagé avec des sols différents, des sols glissants (lino, toile cirée, latte en bois, carrelage…) et non glissants (tapis de mousse, sable…). Effectuer un tri au toucher de différentes feuilles : papier abrasif, papier aluminium, kraft, essuie-tout, journal, carton, transparent… Distinguer en aveugle le froid et le chaud.
Séance n° 4	Les boîtes à toucher et les boîtes à sentir seront mises à disposition des enfants sur le temps de l'accueil pour un réinvestissement. Les livres à toucher : il est souhaitable que l'école dispose d'un lot important de livres à toucher, afin d'affiner les sensations tactiles et d'enrichir la connaissance des matières. C'est un moyen tactile, mais aussi ludique, de rentrer dans le domaine de la lecture. Faire un tableau tactile. Il est possible de réaliser un tableau mural dans lequel les élèves collent les objets suivant leur propriété tactile, en se limitant à un nombre limité de possibilités. Par exemple : doux/rugueux (ou « qui pique »), dur/mou, etc.
Séance n° 5	La séance peut être reconduite plusieurs fois avec d'autres fruits ou d'autres aliments afin d'enrichir l'expérience sensorielle gustative. Lors d'un atelier cuisine, on peut ensuite fabriquer une salade de fruits. Il est également possible d'organiser une visite dans une halle aux fruits et légumes ou chez un maraîcher.
Séance n° 6	La séance pourra être reconduite plusieurs fois avec les mêmes odeurs pour développer la mémoire olfactive, et avec d'autres odeurs pour développer l'expérience sensorielle olfactive.

12

Explorer la matière

Séquence 1 : Explorer, manipuler et transporter l'eau 212

Séance n° 1 : Jouer avec l'eau 215

Séance n° 2 : Remplir des bouteilles avec de l'eau 217

Séance n° 3 : Transporter l'eau 219

Séquence 2 : Transporter d'autres matières 221

Séance n° 1 : Transporter le sable 223

Séance n° 2 : Transporter des marrons 225

Valérie Bouquillon
(et Didier Malafosse pour la première version de la séquence)

Séquence n° 1

Explorer, manipuler et transporter l'eau[1]

- Séance n° 1 : **Jouer avec l'eau**
- Séance n° 2 : **Remplir des bouteilles avec de l'eau**
- Séance n° 3 : **Transporter l'eau**

Description de la séquence

Objectifs du domaine d'apprentissage

- Découverte par l'exploration sensorielle et l'observation des premières propriétés de la matière.
- Jouer avec l'eau en découvrant le « coin eau » de la classe.
- Au quotidien, l'enfant est amené à voir ou sentir l'eau. Il va faire des liens entre l'eau du robinet, de la douche qui coule sur lui et la pluie, la neige, la glace. L'enfant va comprendre qu'il s'agit de la même substance. C'est un premier niveau très modeste d'abstraction.

Attendus de fin de cycle

Choisir, utiliser et savoir désigner des outils et des matériaux adaptés à une situation, à des actions techniques spécifiques (plier, couper, coller, assembler, actionner...).

Critères observables

- L'enfant entre dans l'activité et prend plaisir à jouer avec l'eau.
- Il manipule les outils, expérimente, essaye, recommence.
- Il choisit le bon outil en fonction du résultat qu'il souhaite obtenir.

Objectifs langagiers

- Les phases de manipulation et de verbalisation sont l'occasion pour les enfants de s'exprimer pour parler de leur vécu, de raconter leurs expériences, de mettre en mots leurs ressentis et de justifier leurs choix.

1. Cette séquence a été élaborée conjointement avec Didier Malafosse pour la première version des ouvrages.

• Savoir décrire une action.
• Savoir nommer les objets.
• Acquérir un vocabulaire spécifique : « mouillé », « verser », « essuyer », « remplir », « vider », « couler », « gouttes »...

Préparation organisationnelle, matérielle et spatiale de la classe

Organisation de la classe

Les séances sont réalisées en groupes hétérogènes de quatre à cinq enfants.
L'enseignant proposera des activités plus ou moins guidées d'exploration manipulatoire.

Matériel

• Aménager un espace dédié aux activités d'exploration de l'eau. Cet espace nommé « coin eau » est bien délimité par un marquage au sol ou des petites cloisons et identifié par une photo ou une image.
• Un grand bac d'eau collectif transparent pour pouvoir voir ce qui se passe en dessous.
• Avant de se rendre dans le « coin eau », l'enseignant équipera chaque enfant d'un tablier imperméable.

Matériel

Séance n° 1 : jouer avec l'eau

Un bac à eau transparent assez grand pour permettre à 4/5 enfants de jouer en même temps
Une caisse de rangement avec différents objets : gobelets, gobelets percés, boîtes, cuillères de toutes tailles, louches, bouchons de bouteilles de toutes tailles, couverts en plastique, seringues, compte-gouttes, moulin à eau, entonnoirs, écumoires, passoires, des morceaux de tuyaux...
Des objets qui flottent : bateaux, bouchons, objets en plastique...
Des éponges (une éponge par enfant)

Séance n° 2 : remplir des bouteilles

Un bac avec un volume d'eau suffisant pour pouvoir immerger complètement les bouteilles
Différentes bouteilles en plastique à remplir : des bouteilles avec des goulots larges et des goulots étroits (bouteille de produit à vaisselle, petites bouteilles d'eau, de lait, de shampoing, de yaourt à boire...)
Des objets : entonnoir, cuillères de toutes tailles, gobelet, seringue, louche... pour remplir les bouteilles

Séance n° 3 : transporter l'eau

Deux bacs d'eau : un bac pour prendre l'eau et un deuxième bac situé à quelques mètres pour porter l'eau

Pour la séance « Transporter l'eau », en lien avec la séquence 2

Documents pour la trace écrite : des photos ou images des différents outils et des photos des enfants en train de manipuler les objets et de transporter les matières lors des différentes séances.

On créera un tableau à trois colonnes, utilisé la première fois pour le transport de l'eau. Cet outil servira de mémoire pour toutes les séances sur le transport de la matière.

Eau	Sable	Marrons
Images et/ou photos relatives au transport de l'eau (outils, activités)	Images et/ou photos relatives au transport du sable (outils, activités)	Images et/ou photos relatives au transport des marrons (outils, activités)

Photographie : Marie-Ange Wilk.

Séance n° 1
Jouer avec l'eau

Description de la séance

30 minutes.

Étape 1. **Phase de préparation et de description de l'activité.**

• Équiper chaque enfant d'un tablier imperméable.
• L'enseignant présente le coin eau aux enfants et rappelle les règles de fonctionnement en insistant sur la précaution de ne pas verser l'eau par terre et de ne pas sortir de la zone délimitée.
• Il présente ensuite la caisse avec les différents objets et demande aux enfants de les nommer.
• Pour cette séance d'exploration, l'enseignant ne donne pas de consigne. L'objectif est de laisser les enfants manipuler librement.

Étape 2. **Découverte libre.**

• **Temps n° 1** : Les enfants jouent avec l'eau et développent des savoir-faire. Ils vont pousser l'eau avec les mains, faire couler l'eau entre leurs doigts, observer l'eau qui coule à travers certains objets (l'entonnoir, le gobelet percé, la passoire...), transvaser l'eau d'un récipient à l'autre.
• L'enseignant peut susciter la curiosité et l'imitation en manipulant lui aussi certains outils (par exemple le moulin à eau).
• Les enfants observent également des objets qui coulent, qui flottent.
• **Temps n° 2** : Après le premier temps de manipulation libre, l'enseignant distribuera des éponges aux enfants. En manipulant l'éponge, ils vont remarquer que l'eau reste dans l'éponge mais qu'elle ne disparaît pas : conservation de la matière.

Étape 3. **Verbalisation et structuration.**

• Après la séance, l'enseignant regroupe les enfants et les invite à évoquer ce qu'ils ont fait. C'est l'occasion de nommer les objets en les montrant et de commencer à entendre et utiliser un vocabulaire spécifique : « remplir », « vider », « verser », « couler », « mouillé », « gouttes »...
• L'enseignant insistera également sur l'utilisation de l'éponge pour que les enfants expliquent ce qu'ils ont observé en la manipulant : « Elle prend l'eau, on ne voit plus l'eau et ensuite quand on appuie, l'eau coule... »

Rôle de l'enseignant

• Au départ de la séance, l'enseignant laisse les élèves explorer librement l'eau et observe les manipulations. Il jouera avec les enfants pour les inciter à l'imiter et verbalisera ses actions.
• L'enseignant incite les enfants à décrire leurs actions, mettre en mots leurs ressentis et à justifier leurs choix.

Observables comme outils d'évaluation positive

• L'enfant entre dans l'activité et prend plaisir à jouer avec l'eau.
• Il respecte les consignes de propreté dans le coin eau.
• Il nomme le matériel.
• Il décrit ses actions.

Traces

Des photos des différents outils seront conservées.

Variables didactiques

• Laisser chaque enfant découvrir et explorer à son rythme.
• Remédier aux difficultés manipulatoires de certains outils si besoin.
• Ne pas forcer un enfant qui refuserait de jouer avec l'eau.

Prolongement

Organiser un jeu en petit groupe : chaque enfant dispose d'un bac individuel et deux bols. Il faut prendre l'eau dans le bac d'eau avec son éponge pour remplir les bols. La difficulté est de ne pas plonger l'éponge dans le bol.

Photographie : Valérie Bouquillon.

Séance n° 2
Remplir des bouteilles avec de l'eau

Description de la séance

30 minutes.

Étape 1. Phase de préparation et description de l'activité.

Après avoir équipé les enfants d'un tablier imperméable et rappelé les règles de fonctionnement du coin eau, l'enseignant présente le matériel aux enfants : des bouteilles à remplir et des objets pour les remplir. Il leur explique qu'ils vont jouer à remplir les bouteilles.

Étape 2. Phase de manipulation libre.

Les enfants manipulent et observent que certains outils remplissent plus vite la bouteille que d'autres. On peut utiliser un entonnoir, une seringue, une cuillère... ou plonger la bouteille dans l'eau pour la remplir.

Étape 3. Phase de « défi ».

• L'enseignant distribue une petite bouteille à chaque enfant.
• Il énonce ensuite le défi : « Vous allez remplir votre bouteille le plus vite possible. Quand elle est remplie, vous me la montrez. »

Étape 4. Phase de verbalisation et de structuration.

• L'enseignant regroupe les enfants pour les inviter à parler de ce qu'ils ont fait. C'est l'occasion de nommer les objets, d'utiliser le lexique lié à l'eau.
• L'enseignant s'attachera à faire préciser les stratégies utilisées pour remplir le plus vite possible sa bouteille.
• Les enfants doivent pouvoir montrer comment ils ont fait avec le matériel.

Rôle de l'enseignant

L'enseignant observe les enfants remplir les bouteilles. Il remédie aux difficultés manipulatoires si besoin, l'utilisation de l'entonnoir, de la seringue ou du compte-gouttes...

Observables comme outils d'évaluation positive

• L'enfant utlise le bon outil et la bonne stratégie pour remplir rapidement sa bouteille.

Traces

Les enfants sélectionneront les outils qui permettent de remplir le plus rapidement possible une bouteille et les déposeront dans une boîte pour se souvenir et pouvoir les réutiliser lors d'une prochaine séance dans le « coin eau ».

Variables didactiques

- Guider la manipulation des outils si besoin. Remédier aux difficultés éventuelles de manipulation de certains outils. Proposer une autre séance pour les enfants qui montreraient des difficultés à remplir leur bouteille.

Séance n° 3
Transporter l'eau

Au préalable, dans le « coin eau » de la classe ou de l'école, les enfants ont eu l'occasion de « jouer avec l'eau » librement. Ils ont pu pousser l'eau de leurs mains, la faire couler et utiliser différents objets pour transvaser. L'enseignant a également organisé des temps de verbalisation pour revenir sur l'activité, pour désigner les objets et commencer à apporter le vocabulaire spécifique.

Description de la séance

30 minutes.

Étape 1. Activité d'exploration et de découverte.

• L'enseignant équipe les enfants de tabliers imperméables et les interroge sur ce qu'ils vont faire. Ce questionnement permet de revenir sur l'activité libre avec le bac à eau. L'enseignant rappelle ensuite les consignes de fonctionnement de l'atelier et insiste sur la précaution de ne pas verser l'eau par terre et de ne pas sortir de la zone délimitée.
• L'enseignant donne ensuite la consigne aux enfants : aller remplir d'eau l'autre bac, situé à quelques mètres en utilisant les outils.

Étape 2. Activité.

• Les enfants manipulent les outils et transportent l'eau dans l'autre contenant. L'enseignant observe et apporte son aide si besoin. Il incite les enfants à verbaliser leurs actions, à nommer les outils.
• Prise de conscience que certains outils ne fonctionnent pas pour transporter l'eau.

Étape 3. Verbalisation et structuration.

• L'enseignant invite les enfants à parler de ce qu'ils ont fait : « Comment avons-nous fait pour… ? »
• C'est l'occasion de décrire l'activité, de dépasser le faire.

Rôle de l'enseignant

• Au départ de la séance, l'enseignant laisse les élèves essayer, recommencer, procéder par essais/erreurs. L'enseignant félicite, encourage les enfants.

• Il incite les élèves à verbaliser leurs actions pour dépasser l'action et prendre conscience des stratégies qui permettent de réussir à transporter l'eau.

Observables comme outils d'évaluation positive

• L'enfant prend conscience que certains outils transportent facilement l'eau et que d'autres sont moins ou pas adaptés.
• L'enfant réussit à transporter l'eau en utilisant un outil adapté.

Traces

Pour conserver une trace de la séquence, l'enseignant apportera l'affiche avec les trois colonnes. Il aura préalablement photographié les différents outils de la caisse.

Variables didactiques

• Laisser chaque enfant découvrir et explorer à son rythme.
• Guider la manipulation des outils si besoin.
• L'enseignant recentrera l'activité des enfants sur l'objectif du transport de l'eau et veillera au respect de la consigne si besoin.

Séquence n° 2

Transporter d'autres matières[1]

- Séance n° 1 : **Transporter le sable**
- Séance n° 2 : **Transporter des marrons**

Description de la séquence

Objectifs du domaine d'apprentissage

Choisir parmi un ensemble d'outils ceux qui sont les mieux adaptés au transport d'un liquide ou d'un solide finement divisé, et les utiliser à bon escient.

Attendus de fin de cycle

Choisir, utiliser et savoir désigner des outils et des matériaux adaptés à une situation, à des actions techniques spécifiques (plier, couper, coller, assembler, actionner…).

Critères observables

L'enfant prend conscience que la matière ne se transporte pas de la même façon selon son état physique (pour les solides), selon la taille des morceaux.

Objectifs langagiers

- Savoir nommer la matière.
- Décrire son action.
- Mettre en mots ce qui fait réussir.

Préparation organisationnelle, matérielle et spatiale de la classe

Organisation de la classe

Atelier dirigé de huit enfants.

Aménagements et/ou utilisation de l'espace

Aménager un espace « manipulation/découverte de la matière » temporaire ou permanent dans la classe ou dans l'école permettant aux enfants d'explorer librement la matière, de découvrir les outils puis de les manipuler afin de transporter aisément la matière. L'aménagement d'un espace dédié permettra à l'enseignant de susciter l'intérêt et la curiosité des jeunes enfants.

1. Cette séquence a été élaborée conjointement avec Didier Malafosse pour la première version des ouvrages.

Cet espace dispose d'une table avec une bassine ou un récipient transparent contenant la matière et d'un autre récipient situé à quelques mètres dans lequel les enfants iront porter la matière.

Zone A	Zone intermédiaire	Zone B

L'enseignant pourra dans cet espace :

- préparer la séquence ou une séance en laissant à disposition du matériel pour une exploration, une manipulation libre ;
- laisser les enfants en autonomie pour réinvestir les apprentissages conduits ;
- laisser les enfants fréquenter cet espace lors des plages libres de l'emploi du temps ;
- proposer des prolongements et notamment la possibilité de transporter d'autres matières.

Cette mise à disposition libre de l'espace à différents moments de la journée ou de la semaine permettra également à l'enseignant d'être un observateur actif : les aptitudes, les actions, les initiatives des enfants afin de renseigner le carnet de suivi des apprentissages.

Matériel

Séance n° 1 : transporter le sable

Une caisse avec différents objets qui permettent de transporter l'eau mais pas aisément le sable : compte-gouttes, éponges, seringues...
Une caisse avec différents objets qui permettent de transporter aisément le sable et d'autres objets qui ne permettent pas de le transporter.

Séance n° 2 : transporter les marrons

Une caisse avec différents objets qui permettent de transporter les marrons et d'autres objets inadaptés.

Documents pour la trace écrite : des photos ou images des différents outils et des photos des enfants en train de manipuler les objets et de transporter les matières lors des différentes séances.
On créera un tableau à trois colonnes, utilisé la première fois pour le transport de l'eau. Cet outil servira de mémoire pour toutes les séances sur le transport de la matière.

Eau	Sable	Marrons
Images et/ou photos relatives au transport de l'eau (outils, activités)	Images et/ou photos relatives au transport du sable (outils, activités)	Images et/ou photos relatives au transport des marrons (outils, activités)

Séance n° 1
Transporter le sable

Préalable : Les enfants ont eu l'occasion de transporter l'eau dans le coin eau de la classe (voir séance n° 3, séquence 1). L'affiche qui servira de « mémoire » a été complétée avec les outils adaptés au transport de l'eau.

Description de la séance

30 minutes.

Étape 1. Phase de rappel de la séance précédente.

L'enseignant incite les enfants à se remémorer la séance précédente quand ils ont transporté l'eau : « Avec quoi avons-nous transporté l'eau ? » L'enseignant peut utiliser la trace écrite et les photos prises lors des séances précédentes afin d'aider les enfants à se souvenir. Quels sont les outils qui transportent « bien » l'eau ? Il présentera ensuite la nouvelle matière à transporter : le sable.

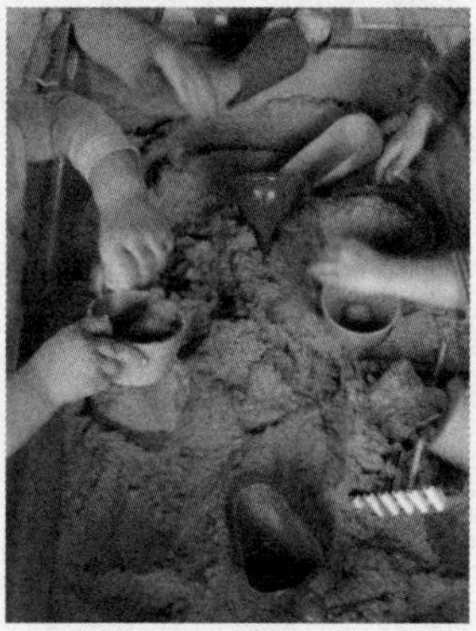

Photographie : Martine Pawlak.

Étape 2. Phase d'activité.

• Première étape : Les enfants manipulent d'abord librement le sable. Ils vont déplacer le sable, le tasser, le faire couler entre leurs doigts puis le faire passer dans le tamis. Les enfants sont amenés à utiliser les objets qui transportent l'eau pour transporter le sable. Ils constatent très vite que ces outils ne permettent pas de transporter le sable.
• Seconde étape : L'enseignant apporte une seconde caisse avec d'autres outils pour que les enfants puissent les essayer. Les enfants manipulent, essayent de transporter le sable d'un bac à l'autre avec les nouveaux outils proposés.

Étape 3. Phase de verbalisation et de tri des outils.

Les outils seront triés selon les critères suivants : transporte le sable, ne transporte pas le sable.
L'enseignant regroupe les enfants pour cette phase de verbalisation qui permet de dépasser le faire. Il demande aux enfants de parler de l'activité qu'ils viennent de vivre afin de nommer les objets, les montrer si besoin. L'enseignant demande ensuite aux enfants de mettre sur une table tous les objets qui transportent le sable. Puis les outils qui ne sont pas adaptés pour le transporter.
La validation s'effectuera en essayant.

Rôle de l'enseignant

- Au départ de la séance, l'enseignant laisse les enfants essayer, recommencer, procéder par essais/erreurs.
- Il félicite, encourage les enfants à essayer les outils et constater les effets.

Observables comme outils d'évaluation positive

- L'enfant prend conscience que certains outils transportent le sable et que d'autres ne sont pas adaptés pour le transporter.
- L'enfant réussit à transporter le sable en utilisant un outil adapté.

Traces

- Pour conserver une trace de la séquence, l'enseignant apportera l'affiche avec les trois colonnes. Il aura préalablement photographié les différents outils de la caisse.
- Les enfants seront amenés à sélectionner les outils adaptés pour le transport du sable.

Variables didactiques

- Laisser chaque enfant découvrir et explorer à son rythme.
- Guider la manipulation des outils si besoin.

Ouverture transdisciplinaire

Proposer des bacs individuels pour pouvoir dessiner et tracer des cercles, des traits, des boucles pour apprendre à maîtriser son geste en vue des activités graphiques.

Séance n° 2
Transporter les marrons

Description de la séance

30 minutes.

Étape 1. Phase de rappel de la séance précédente.

• L'enseignant incite les enfants à se remémorer la séance précédente quand ils ont dû transporter le sable : « Avec quoi avons-nous transporté le sable ? » L'enseignant peut utiliser la trace écrite et les photos prises lors des séances précédentes afin d'aider les enfants à se souvenir. Quels sont les outils qui transportent « bien » le sable ? Il présentera ensuite la nouvelle matière à transporter : les marrons.
• L'enseignant demande ensuite aux enfants d'émettre des hypothèses sur les outils qui pour eux pourront transporter les marrons. Les enfants font leurs propositions et l'enseignant accroche les images des outils choisis au tableau en proposant deux colonnes « les outils oui » et les « outils non ». Il explique aux enfants que l'on vérifiera après la séance.

Étape 2. Phase d'activité.

• Le déroulement est le même que pour la séance précédente.
• Les enfants sont amenés à utiliser les objets pour transporter les marrons. Ils constatent que certains outils qui pouvaient transporter l'eau et le sable ne permettent pas de transporter les marrons.
• Les élèves prennent conscience que la matière se transporte différemment selon son état physique.

Étape 3. Phase de verbalisation et de tri des outils selon le critère suivant : transporte les marrons/ne transporte pas les marrons.

• L'enseignant regroupe les enfants pour cette phase de verbalisation qui permet de dépasser le faire.
• Il demande aux enfants de vérifier les hypothèses « les outils oui » et « les outils non ».
• Si certains outils ne sont pas validés par tous les enfants du groupe, la validation s'effectuera en essayant.

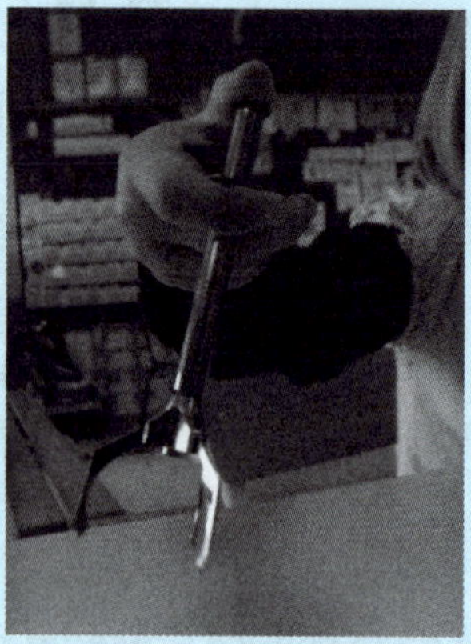

Photographie : Delphine Jacobus (conseillère pédagogique).

Rôle de l'enseignant

Lors de cette séance, l'enseignant peut observer si les enfants choisissent directement les outils adaptés au transport des marrons.

Observables comme outils d'évaluation positive

- L'enfant prend conscience que certains outils transportent les marrons et que d'autres ne sont pas adaptés.
- L'enfant choisit les outils adaptés au transport des marrons.

Traces

Pour conserver une trace de la séquence, l'enseignant photographiera les images triées en deux colonnes.

Variables didactiques

- Laisser chaque enfant découvrir et explorer à son rythme.
- Guider la manipulation des outils si besoin.

Prolongements

L'enseignant pourra proposer le transport d'autres matières (des petits graviers, des bouchons...) pour permettre aux enfants d'être confrontés à nouveau à la situation problème : « attraper », « prendre » la matière en utilisant les outils les plus adaptés pour la déposer dans un bac situé à quelques mètres.

13

Utiliser, fabriquer, manipuler des objets

Séquence n° 1 : Utiliser la lampe de poche 228

Séance n° 1 Découvrir la lampe de poche 230

Séance n° 2 Utiliser la lampe de poche pour retrouver une image 231

Séquence n° 2 : Utiliser la loupe 233

Séance Utiliser la loupe de manière adaptée 234

Séquence n° 3 : Ouvrir/fermer 236

Séance Découvrir les bacs et les différents systèmes de fermeture 238

Valérie Bouquillon

Séquence n° 1

Utiliser la lampe de poche

- Séance n° 1 : **Découvrir la lampe de poche**
- Séance n° 2 : **Utiliser la lampe de poche pour retrouver une image**

Description de la séquence

Objectifs du domaine d'apprentissage

Par l'utilisation de la lampe dans une situation de jeu, découvrir sa fonction et son mode d'utilisation ; développer l'habileté de l'utilisateur.

Attendus de fin de cycle

Choisir, utiliser et savoir désigner des outils et des matériaux adaptés à une situation, à des actions techniques spécifiques (plier, couper, coller, assembler, actionner...).

Critère observable

L'enfant utilise la lampe de poche de manière appropriée.

Objectifs langagiers

- Nommer l'objet et sa fonction.
- Utiliser un vocabulaire spécifique : « allumer », « sombre », « éclairé ».
- Décrire son action.

Préparation organisationnelle, matérielle et spatiale de la classe

Organisation de la classe

L'activité se déroule en groupe de huit enfants dans un lieu qu'il est possible de rendre obscur (dortoir, BCD, salle de projection, etc.).
Avant l'arrivée des enfants, l'enseignant accroche dans le local des affiches, des posters, etc.
Il faut aussi aménager l'espace pour que les enfants puissent se déplacer sans être « trop gênés » par le mobilier.

Matériel

Séance n° 1

Des posters, des affiches, des images en grand format, des posters avec des animaux, des fleurs, des personnages, etc.
Une lampe de poche par enfant (on peut leur demander d'en apporter une de la maison).
L'album *Jeu de lumière* d'Hervé Tullet

Séance n° 2

Des cartes avec des images sur lesquelles seront isolés et agrandis des éléments des posters, images, affiches... accrochés sur les murs dans le local assombri : un personnage, une fleur, un animal...
Ces cartes pourront être plastifiées pour une utilisation prolongée.

Séance n° 1
Découvrir la lampe de poche

Description de la séance

Étape 1. Phase de préparation.

L'enseignant regroupe les enfants pour leur présenter la lampe de poche. C'est l'occasion de vérifier s'ils connaissent le nom et l'usage de cet objet. Il montrera aux enfants les différentes parties de la lampe, l'ampoule, l'endroit pour mettre les piles, l'interrupteur pour la mise en marche et le crochet pour fermer le boîtier. Avant de conduire les enfants dans le local où aura lieu l'activité, l'enseignant distribue une lampe de poche à chacun.

Étape 2. Phase d'activité.

Avant d'entrer dans la classe ou le local assombri, l'enseignant demande aux enfants d'allumer leur lampe de poche. Les enfants manipulent librement leur lampe de poche pour éclairer la pièce. Ils regardent, essayent, constatent les effets de l'outil.

Étape 3. Phase d'observation.

L'enseignant utilisera l'album *Jeu de lumière* d'Hervé Tullet.
Chaque page de l'album présente des formes découpées. À l'aide de la lampe de poche, les reliefs peuvent être projetés au plafond ou sur les murs. Les enfants observent et s'émerveillent en regardant les effets.
Ensuite, l'enseignant incite les enfants à projeter leur lampe au plafond pour dessiner eux aussi des formes avec la lumière : des lignes, des cercles, des spirales...

Étape 4. Phase de verbalisation.

De retour en classe, l'enseignant regroupe les enfants dans le coin regroupement pour les inciter à parler de l'activité qu'ils viennent de vivre.

Rôle de l'enseignant

Pendant la phase de manipulation et de découverte, l'enseignant multipliera les moments d'échange individuel et de questionnement avec les enfants : « Que vois-tu ? » Il incitera les enfants à décrire leurs actions.

Observable comme outil d'évaluation positive

L'enfant entre dans l'activité et sait utiliser sa lampe de poche.

Traces

L'enseignant laissera à disposition l'album *Jeu de lumière* dans la classe pour permettre aux enfants de l'utiliser.

Variables didactiques

- Remédier aux difficultés manipulatoires de la lampe de poche.
- L'enseignant guidera, aidera certains enfants si besoin.

Séance n° 2
Utiliser la lampe de poche pour retrouver une image

Description de la séance

Étape 1. Phase de rappel.

• L'enseignant incite les enfants à se remémorer la séance précédente quand ils ont utilisé la lampe de poche dans le dortoir. C'est l'occasion de se souvenir et de rappeler comment bien utiliser la lampe de poche, comment bien orienter la lumière pour voir.
• Puis l'enseignant distribuera à chacun une carte avec une image : un animal, une fleur, un personnage, une maison… à retrouver dans l'un des posters.
• Consignes : « Vous allez entrer dans la classe. Avec la lampe de poche, vous allez observer les images sur les murs. Puis, vous allez essayer de retrouver l'image de votre carte. »

Étape 2. Phase d'activité.

• Avant d'entrer dans la classe ou le local assombri, l'enseignant demande aux enfants d'allumer leur lampe de poche.
• Quand un enfant a retrouvé son image, l'enseignant le félicite et lui distribue une autre petite carte à retrouver.

Étape 3. Phase de verbalisation.

• C'est l'occasion de poser aux enfants les questions suivantes : « Avez-vous retrouvé l'image de votre petite carte ? », « Si oui, comment avez-vous fait ? », « Si non, pourquoi ? »
• Cette phase de verbalisation permet de faire prendre conscience aux enfants qu'il est nécessaire de bien orienter la lampe de poche. La lumière doit être en face de l'image pour pouvoir observer et retrouver le détail. Pour joindre le geste à la parole, l'enseignant doit avoir prévu une affiche et une lampe de poche. Il peut alors orienter la lumière de la lampe de différentes façons et demander aux enfants si l'image est bien éclairée.

Rôle de l'enseignant

• Lors de la phase d'activité, pendant que les enfants manipulent les lampes de poche pour répondre à la consigne, l'enseignant circule, observe les réactions des enfants et apporte son aide si besoin.

- Lors de cette séance, l'enseignant peut observer si les enfants utilisent la lampe de poche de manière adaptée pour retrouver leur image.

Observables comme outils d'évaluation positive

- L'enfant prend conscience que l'orientation de la lampe de poche conditionne le fait de retrouver une image sur les murs.
- L'enfant a su observer avec la lampe de poche pour retrouver l'image de sa carte.
- Cette phase permet de vérifier si les enfants ont bien compris l'utilisation de la lampe de poche.

Traces

- L'enseignant laissera dans le coin découverte de la classe les lampes de poche pour permettre aux enfants de retrouver l'objet et de le manipuler à nouveau.

Variables didactiques

- Remédier aux difficultés manipulatoires de la lampe de poche.
- Si besoin, pour faciliter la recherche, l'enseignant guidera l'enfant vers le poster qui correspond à son image.
- Certains élèves n'auront peut-être pas retrouvé l'image. Une seconde séance peut être proposée pour permettre à certains enfants de s'entraîner à nouveau.

Ouverture transdisciplinaire

- Arts visuels : Projeter la lampe de poche sur un fond sombre et dessiner les ombres qu'elle produit.
- Théâtre : Utiliser la lampe de poche pour produire des effets, des jeux de lumière.
- Album *Clic, Crac... c'est le loup ?*, de Jean Maubille (L'École des loisirs, Paris, 2008).

Séquence n° 2

Utiliser la loupe

Cette séquence est en lien avec la séquence « Découvrir les cinq sens » du chapitre 11 « Découvrir le monde du vivant ».

- Séance : **Utiliser la loupe de manière adaptée**

Description de la séquence

Objectif du domaine d'apprentissage

Par l'utilisation de la loupe dans une situation de jeu, découvrir sa fonction et son mode d'utilisation ; développer l'habileté de l'utilisateur.

Attendus de fin de cycle

Choisir, utiliser et savoir désigner des outils et des matériaux adaptés à une situation, à des actions techniques spécifiques (plier, couper, coller, assembler, actionner...).

Critères observables

L'enfant sait utiliser la loupe de manière adaptée pour observer.

Objectif langagier

- Nommer l'objet et sa fonction.
- Utiliser un vocabulaire spécifique : « grossissant ».
- Décrire son action.

Préparation organisationnelle, matérielle et spatiale de la classe

Organisation de la classe

L'activité se déroule en groupes restreints de quatre à cinq enfants dirigés par l'enseignant ou en autonomie dans le coin découverte de la classe.

Matériel

- Une « boîte à regarder » avec divers instruments optiques simples (lunettes de vue, vieilles jumelles, loupes, filtres colorés, prismes optiques, etc.). Présenter les instruments aux enfants. Ils pourront les manipuler librement puis organiser une phase de verbalisation afin de préciser le rôle de chaque instrument (les lunettes pour mieux voir, les jumelles pour voir loin...).
- Un support transparent posé au-dessus d'une page de journal, d'un livre, d'une image... sur lequel l'enseignant forme des grosses gouttes d'eau pour regarder à travers.
- Une reproduction du tableau *Jeux d'enfants* de Bruegel et une loupe par enfant. (Ce tableau est intéressant car il comporte de très nombreux personnages.)
- Des cartes plastifiées sur lesquelles sont isolés et agrandis des détails ou des personnages du tableau.

Séance n° 1
Utiliser la loupe de manière adaptée

Cette séance sera précédée d'une phase de découverte et d'observation libre. Les enfants dans « l'espace découverte » ou « coin sciences » de la classe ont eu l'occasion d'explorer librement la « boîte à regarder » qui contient différents objets : loupes, loupe binoculaire, longue vue, jumelles, lunettes, boîte avec loupe, kaléidoscope, appareil photo...

Lors d'une première séance, les enfants ont eu également la possibilité de regarder à travers des gouttes d'eau sur un support transparent, par exemple une couverture transparente pour relier les documents posée au-dessus d'une page de journal et d'une image. Les enfants ont eu une première occasion de s'intéresser à l'un de nos cinq sens : la vue.

Description de la séance

30 minutes.

Étape 1. **Activité d'exploration et de découverte.**

• L'enseignant distribue à chaque enfant la reproduction du tableau de Bruegel et une loupe.
• Pendant que les élèves manipulent la loupe et observent l'image, l'enseignant circule pour repérer les difficultés de manipulation, apporter son aide pour y remédier. Les enfants développent leur habileté et apprennent progressivement à utiliser la loupe de manière adaptée pour observer.
• Ceux-ci prennent conscience que la loupe grossit les images et permet de mieux voir les détails pas toujours visibles à l'œil nu. L'enseignant incite les enfants à décrire les personnages, le jeu, la scène qu'ils voient sur l'image.

Étape 2. **Activité d'observation.**

L'enseignant distribue à chaque enfant une image sur laquelle un détail ou un personnage a été agrandi à retrouver dans la reproduction du tableau de Bruegel. Lorsque l'enfant a retrouvé l'élément sur la reproduction, l'enseignant le félicite et lui distribue une autre image...

Étape 3. **Verbalisation et structuration.**

• L'enseignant invite les enfants à parler de ce qu'ils ont fait : « Comment avons-nous fait pour retrouver la petite image sur la grande image ? »
• C'est l'occasion de décrire l'activité, de dépasser le faire pour expliquer la fonction de la loupe, de nommer l'organe mobilisé pour regarder, observer.

Rôle de l'enseignant

• Au départ de la séance, l'enseignant laisse les élèves explorer la loupe, essayer, recommencer. L'enseignant devient ensuite personne ressource pour remédier aux difficultés éventuelles de manipulation de l'outil.
• L'enseignant amènera l'enfant à passer de la vision à l'observation. Cette prise de conscience est importante pour les activités expérimentales futures.

Observables comme outils d'évaluation positive

• L'enfant réussit à retrouver l'image de sa carte sur la reproduction du tableau en utilisant de manière adaptée la loupe. Il prend conscience que cet instrument optique a un effet grossissant et permet de mieux voir.
• L'enfant développe et enrichit ses aptitudes sensorielles.

Traces

• Voir la trace proposée dans la séquence « Découvrir les cinq sens » dans le chapitre 11 « Découvrir le monde du vivant ».
• Pour conserver une trace de la séquence, l'enseignant apportera une grande silhouette fabriquée dans du carton sur laquelle seront attachées (par du velcro) les parties du corps correspondant aux sens mobilisés : les oreilles pour l'ouïe, les yeux pour la vue, la bouche pour le goût et le nez pour l'odorat, et enfin les mains et les pieds pour le toucher.
• À la fin de chaque séance de cette séquence, on peut se servir de cette silhouette, en ajoutant les yeux à la fin de la séance qui favorise l'observation visuelle, puis les oreilles après avoir étudié les bruits de l'eau, et ainsi de suite.
• Cette silhouette que l'on nommera silhouette des cinq sens sera complétée, à chaque fin de séance, tout au long de la séquence sensorielle.
• Des photos prises lors des différentes séances seront collées ou attachées sur la silhouette. Par exemple une photo de la loupe, les fruits, les boîtes à odeur, les pieds nus des enfants dans la salle de motricité explorant les matières au sol, une main et le sac à toucher. Ceci afin de conserver en mémoire les apprentissages conduits.

Variables didactiques

• Laisser chaque enfant découvrir et explorer à son rythme.
• Guider la manipulation de la loupe si besoin pour aider l'enfant à mieux voir les détails de l'image.

Séquence n° 3

Ouvrir/fermer

• Séance : **Découvrir les bacs et les différents systèmes de fermeture**

Description de la séquence

Objectifs du domaine d'apprentissage
• Développer la préhension pour ensuite dessiner, découper et écrire.
• Développer les mouvements qui visent à une meilleure coordination des mains, des doigts.
• Adapter son geste aux contraintes matérielles (instruments, supports, matériels).

Attendus de fin de cycle
Choisir, utiliser et savoir désigner des outils et des matériaux adaptés à une situation, à des actions techniques spécifiques (plier, couper, coller, assembler, actionner...).

Critères observables
• L'enfant adapte son geste en fonction du système de fermeture. Certains systèmes sont plus difficiles que d'autres et demandent davantage de précision.
• L'enfant reconnaît les différents systèmes de fermeture des vêtements ou de chaussures.
• L'enfant découvre la fonction d'usage : boutonner, attacher, fermer, fixer, tourner...

Objectifs langagiers
• Décrire son action.
• Nommer les systèmes de fermeture.
• Utiliser un vocabulaire spécifique : visser/dévisser, fermer/ouvrir, appuyer, zipper/dézipper, clipser/déclipser, attacher, boutonner, fixer, serrer...

Préparation organisationnelle, matérielle et spatiale de la classe
Organisation de la classe

Ateliers dirigés ou autonomes de quatre à six enfants.
• La séance n° 1 sera dirigée par l'enseignant pour la présentation :
du matériel aux enfants : les bacs contenant les objets à ouvrir/fermer ;
de l'apprentissage en jeu « Nous allons apprendre à... ».
• Plusieurs séances d'entraînement en autonomie dans l'espace « ateliers autonomes » de la classe seront proposées pour permettre aux enfants de s'entraîner, de réinvestir les apprentissages, de procéder par essais/erreurs, de recommencer le même geste plusieurs fois...
  L'enfant peut ranger et changer de bac lorsqu'il a terminé.
  Le nombre de séances d'entraînement variera en fonction du développement de la compétence chez les enfants.
• La séance n° 3 est une séance d'évaluation.
Quand l'enseignant estime que les enfants ont suffisamment manipulé, il se rendra dans l'espace « ateliers autonomes » de la classe pour procéder à une évaluation par observation.

Il annoncera aux enfants que lors de cette séance, il va regarder s'ils savent ouvrir et fermer les objets qui se trouvent dans leur bac.

Cette phase d'évaluation permettra également de compléter le carnet de suivi des apprentissages en collant par exemple une « étiquette réussite » : « Je sais adapter mon geste en fonction du système de fermeture. »

Organisation matérielle

Aménager un espace « ateliers autonomes » permanent dans la classe pour permettre aux enfants d'explorer les bacs (boîtes ou tiroirs) préparés par l'enseignant.

Cet espace sera aménagé avec six tables individuelles et un meuble pour ranger les bacs. L'ensemble des bacs proposés pendant un temps déterminé par l'enseignant viseront une seule compétence. Pour cette séquence, la compétence mobilisée vise le développement des habiletés motrices pour ouvrir et fermer un objet.

Matériel

Des bacs contenant :

- des vêtements de poupée à fermer avec des fermetures, des boutons, des boutons-pression, des bandes auto-agrippantes, des attaches... ;
- des pots avec couvercle à visser et dévisser ;
- des sachets congélation à zipper et dézipper ;
- des pots à clipser et déclipser ;
- des cadenas à fermer ;
- des ceintures à fermer avec la boucle ou une attache en plastique ;
- des sacs avec des liens ;
- etc.

L'enfant adaptera son geste en fonction du résultat qu'il souhaite obtenir : attacher, ouvrir/fermer, fixer, visser...

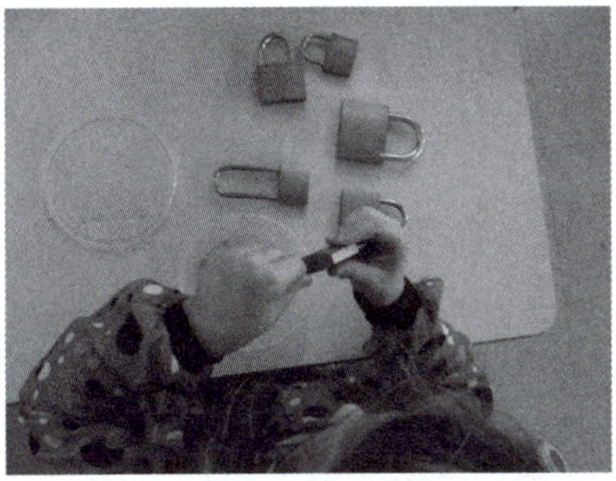

Photographie : Marie-Ange Wilk.

1	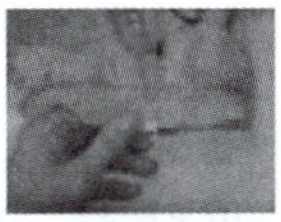	Enfiler le bas de la fermeture éclair dans la tirette.
2	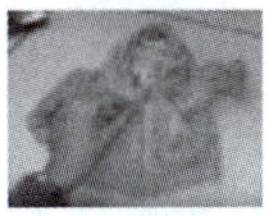	Remonter la fermeture éclair jusqu'en haut.
3	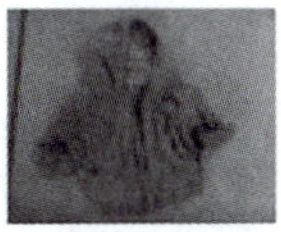	Retirer la fermeture éclair.
4	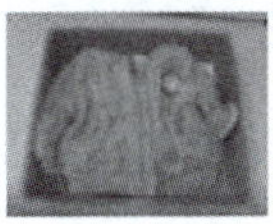	Ranger le matériel dans le bas.

Voici un exemple de fiche guide qui permet à l'enfant de visualiser les différentes actions à réaliser pour réussir la tâche. L'enfant peut alors identifier l'étape qu'il réussit mais aussi celle qui lui pose problème.

Photographie : Delphine Jacobus (conseillère pédagogique).

Séance

Découvrir les bacs et les différents systèmes de fermeture

Cette séquence est également en lien avec les activités conduites dans le coin d'imitation « coin poupées » de la classe et le coin déguisement.

Au préalable, les enfants ont eu l'occasion d'habiller les poupées en utilisant les différents systèmes de fermeture des vêtements. Lors de la séquence suivante, ils vont apprendre à adapter et à maîtriser leurs gestes pour être ensuite plus performants pour s'habiller (mettre la fermeture, les boutons de son manteau...), habiller et déshabiller la poupée. L'enseignant explicitera la finalité de l'activité aux enfants.

Description de la séance

30 minutes.

Étape 1. **Phase de présentation.**

• L'enseignant présente d'abord les bacs aux enfants et les questionne sur le contenu. C'est l'occasion de nommer les éléments et les systèmes de fermeture.
• Puis l'enseignant choisit une fiche guide et la présente aux enfants en explicitant sa structure et comment l'utiliser. Il explicite chaque étape en montrant les photos et en effectuant les gestes.

Étape 2. **Phase d'exploration libre.**

• Chaque enfant prend un bac et essaye de répondre à la consigne. Il manipule, essaye, recommence le même geste... et adapte son geste pour réussir à fermer et ouvrir en fonction du système de fermeture.
• Lorsque l'enfant a réussi, il peut changer de bac.

Étape 3. **Phase de verbalisation.**

Cette phase de verbalisation, après l'action, permet de mettre des mots sur les stratégies utilisées. L'enseignant incitera les enfants à décrire leurs gestes, à utiliser le vocabulaire spécifique.

Rôle de l'enseignant

• Pendant la phase d'exploration libre, l'enseignant observe, rappelle la consigne, questionne les enfants, les incite à regarder la fiche guide pour visualiser les étapes de l'action.
• C'est également l'occasion d'apporter le vocabulaire : les noms des objets et les systèmes de fermeture ; les verbes d'action : « fermer », « ouvrir », « zipper », « clipser », « tourner », « appuyer »...
• L'enseignant félicite et encourage les enfants.

Observables comme outils d'évaluation positive

• L'enfant entre dans l'activité et adapte son geste pour réussir à ouvrir et fermer le vêtement, l'objet.
• L'enfant développe sa motricité fine et modifie son geste en fonction du système de fermeture.

Traces

• Les fiches guides seront conservées dans chaque bac pour pouvoir réinvestir les gestes en autonomie.

Variables didactiques

• Laisser aux enfants un temps suffisant pour améliorer leur geste afin de réussir à fermer et ouvrir les objets, les vêtements... en fonction du système.
• Remédier aux difficultés manipulatoires et guider l'enfant si besoin.

Prolongements

• Lorsque l'enseignant jugera que les bacs ont été suffisamment utilisés et que la majorité des enfants réussissent, il proposera d'autres bacs travaillant une autre compétence.
• Cependant, pour permettre aux enfants de réinvestir les gestes appris et/ou de répondre aux besoins de certains enfants de manipuler davantage pour réussir, il pourra conserver quelques bacs « fermer/ouvrir » et les proposer au moment de l'accueil.
• Autres activités possibles de motricité fine dans l'espace « ateliers autonomes » : proposer d'autres bacs individuels avec des jeux d'enfilage, de laçage pour développer la motricité fine des enfants.

Achevé d'imprimer en avril 2021
sur les presses de la SEPEC (France)
Numéro d'impression : 09467210411
Numéro d'éditeur : MAGSI-20200184
Dépôt légal : mai 2021

IMPRIM'VERT®

PEFC™ 10-31-1470 / Certifié PEFC / Ce produit est issu de forêts gérées durablement et de sources contrôlées. / pefc-france.org